Johann Adam Hiller

Anweisung zum musikalisch-zierlichen Gesange

Johann Adam Hiller

Anweisung zum musikalisch-zierlichen Gesange

ISBN/EAN: 9783741153082

Manufactured in Europe, USA, Canada, Australia, Japa

Cover: Foto ©Angelika Wolter / pixelio.de

Manufactured and distributed by brebook publishing software (www.brebook.com)

Johann Adam Hiller

Anweisung zum musikalisch-zierlichen Gesange

Anweisung zum musikalisch-zierlichen Gesange,

mit hinlänglichen Exempeln erläutert,

von

Johann Adam Hiller.

Leipzig,
bey Johann Friedrich Junius 1780.

Der
Durchlauchtigsten Fürstinn und Frauen,
FRAUEN
Anna Amalia,
gebohrner Prinzeßin von Braunschweig,
verwittweter Herzoginn von Sachsen-Weimar
und Eisenach.

Durchlauchtigſte Herzoginn,

Gnädigſte Fürſtinn und Frau,

Die Aufmerkſamkeit und Achtung, deren Ew. Hochfürſtl. Durchlaucht die Muſik jederzeit gewürdigt haben, und noch zu würdigen geruhen, iſt einer von den großen Vorzügen, auf welche diese schätzbare Kunst stolz zu seyn, hohe Ursache hat; da Ew. Hochfürstl. Durchlaucht es nicht an einem bloßen unthätigen Wohlgefallen an derselben bewenden laßen, sondern selbst eine hohe Stufe der ausübenden Kunst erstiegen haben, und in ihre theoretischen Geheimnisse tief eingedrungen sind.

Bey dem Wenigen, was meine Umstände mir erlaubten, für die Musik, auf eine oder die andere Weise, zu thun, habe auch ich das Glück gehabt, von Ew. Hochfürstl. Durchlaucht auf die huldreichste und gnädigste Weise bemerkt zu werden. Ich erkenne es hier, vor den Augen der Welt, mit dem lautesten und lebhaftesten Danke. Ein so entscheidender Beyfall, ist für mich die größte Ermunmunterung gewesen, und wird es auch immer in Zukunft seyn.

Von meinen Bemühungen um das Studium des Gesanges habe ich ebenfalls das Glück gehabt, Ew. Hochfürstl. Durchlaucht Proben vorzulegen; und auch in diesem Stücke hat der gnädigste Beyfall einer so großen und Einsichtsvollen Kennerinn meinen Muth nicht wenig gestärkt und angefeuert, ein nützliches Unternehmen, so eingeschränkt es auch zur Zeit noch ist, nicht sinken zu lassen.

Möchte das Werk, das ich Ew. Hochfürstl. Durchlaucht unterthänigst zu überreichen mich erkühne, doch eben so glücklich seyn, von so erleuchteten

teten Augen mit Nachsicht und Wohlgefallen angesehen zu werden!

Ich ersterbe mit dem dankbarsten und Ehr-
furchtsvollsten Herzen

Durchlauchtigste Herzoginn,
Gnädigste Fürstinn und Frau,
Ew. Hochfürstl. Durchlaucht

Leipzig,
den 12ten October
1779.

treugehorsamst unterthänigster
Johann Adam Hiller.

Vorrede.

Es ward in der Anweisung zum musikalisch-richtigem Gesange, die vor fünf Jahren heraus kam, zu einem zweyten Werke, zu einer Anweisung zum musikalisch-zierlichem Gesange Hoffnung gemacht. Diese tritt nun hiermit ans Licht; später vielleicht, als es von manchem ist gehofft und gewünscht worden, zu meiner Befriedigung aber immer noch zu früh. Wenn man überlegt, was für ein weitläuftiges Feld hier zu bearbeiten, und wie reich dasselbe an Materien ist, die öfters nur auf kleinen Bemerkungen beruhen, welche die Erfahrung an die Hand giebt, und wovon man in andern Büchern wenig oder gar nichts findet, so wird man leicht begreifen, daß die Aufsammlung und Nebeneinanderstellung dieser Dinge, doch einige Ueberlegung fodert. Es geschieht da gar leicht, daß der Plan, den man heut entwarf und billigte, morgen wieder verworfen wird. Ueberhaupt kostet die Zubereitung zu einer solchen Arbeit mehr, als die Arbeit selbst; und wenn nun andere Geschäffte dazwischen kommen, so kann sich die Ausführung eines solchen Werks leicht Jahre lang verzögern.

Doch wozu Entschuldigungen über die Verzögerung, wenn vielleicht die Herausgabe selbst hätte unterbleiben können?

nen? Unterbleiben aus doppelten Ursachen: einmal, wenn die Ausführung nicht so gerathen wäre, als es die Wichtigkeit der Sache fodert; und dann, wenn die Deutschen nie Luft bekommen sollten, sich in der guten Art zu singen einen Schritt weiter bringen zu lassen. Ueber den ersten Punct bin ich zwar so ziemlich beruhigt, da der erste Theil dieses Werks mit Beyfall aufgenommen, auch bin und wieder, sowohl in öffentlichen Schulen, als auch bey Privatunterweisungen mit Nutzen ist gebraucht worden. Es ist hieraus zwar kein unfehlbarer Schluß auf die Güte dieses zweyten Theils zu machen: da ich ihn aber mit nicht minderer Ehrlichkeit und Sorgfalt bearbeitet habe, als den ersten, so wird man mir wenigstens eine kleine Vermuthung, daß er nicht schlechter seyn werde, als der erste, leicht zu gute halten. Der erste Theil hat nicht allein die Ehre gehabt, in die dänische Sprache übersetzt zu werden, sondern ist auch von dem Stadt-Cantor zu Sondershausen, Hrn. Höpfner, in einen Auszug gebracht worden, ob dies gleich weder der Titel noch eine Vorrede sagt. Das erste ist eine ganz angenehme Begebenheit; das andere würde man wohl lieber verbeten haben.

Der zweyte Punct verdient eine eigene Beherzigung. Es war gewissermaßen zuviel gesagt, wenn ich zu zweifeln schien, ob die Deutschen je Luft bekommen sollten, sich in der guten Art zu singen einen Schritt weiter bringen zu lassen. An der Luft möchte es ihnen wohl eben so wenig fehlen, als am Talente; aber Gelegenheit und Ermunterung

fehlen

Vorrede.

fehlen gar sehr. Ich überlasse es dem Leser, dem Mangel an Ermunterung selbst nachzudenken; über den Mangel an Gelegenheit aber, an Gelegenheit den Gesang gehörig zu studiren, und sein Talent zu vervollkommnen, will ich mich etwas weiter heraus lassen.

Ich habe im ersten Theile der Anweisung zum Gesange gesagt, daß wir, im Ganzen genommen, in Deutschland keine andern Singschulen haben, als in wiefern der Gesang eins von den Dingen ist, die in unsern Stadtschulen gelehrt werden, oder gelehrt werden sollen. Die eigene Ungeschicklichkeit oder Trägheit dieses oder jenen Mannes, dem der Unterricht in der Musik an solchen Schulen aufgetragen ist, abgerechnet, hat keine einzige die Absicht vollkommene Musicos und Sänger aufzustellen. Ob dies so ganz recht sey, mag ich nicht entscheiden; wenigstens sollte man, aus Dankbarkeit, der Musik auf öffentlichen Schulen mit mehr Achtung begegnen, und besser für ihre Cultur sorgen, da sie bekanntermaßen die Ursache vieler Stiftungen ist, woraus den Lehrern Salarien und Legate bezahlt, und eine nicht geringe Anzahl armer Schüler unterhalten werden. Man nehme den Schulen was sie auf diese Weise acquirirt haben, und was die Schüler, durch tägliches oder wöchentliches Singen auf den Straßen oder in den Häusern, noch dazu verdienen, so möchten sie wohl sehr über Mangel und Dürftigkeit zu klagen Ursache haben.

Noch eine andere Ursache sollte Männer, die in das Schulwesen Einfluß haben, oder demselben unmittelbar vorgesetzt

gesetzt sind, bewegen, mit mehrern Eifer das Studium einer Sache zu befördern, die man, nach dem Vorhergehenden schon, nicht ohne Ungerechtigkeit mit so gleichgültigen oder gar gehäßigen Augen ansehen kann. Ist nicht der Gesang ein wesentliches Stück unsers Gottesdienstes? Ist nicht eine gute, und im rechten Geiste abgefaßte Kirchenmusik zur Feyerlichkeit unserer Feste, zur Erweckung und Verstärkung der Andacht ein sehr sicheres Hülfsmittel? Glaubt man Gott mit einem wüsten und wilden Geschrey, und mit einer elend aufgeführten Musik eben so sehr zu ehren, als wenn der Gesang sanft und wohllautend, die Musik voll Würde und Kraft ist? Und mit welcher von beyden Arten wird man wohl der Andacht der Zuhörer am meisten zu statten kommen? — Die Antwort auf diese Frage ist leicht; und wohl uns! wenn es eben so leicht ist, darzuthun, daß Gesang und Musik in unsern Kirchen keiner Verbesserung bedürfen! Nehme den Beweis auf sich, wer da will; ich muß ihn verbitten.

Immer noch haben die Italiäner, wenn nicht in andern Theilen der Musik, doch gewiß im Gesange den Vorzug vor uns, und dürften ihn auch wohl noch lange behalten. Die Ursache ist: Sie haben das, was den Deutschen fehlt, Ermunterung und Gelegenheit zu studiren. Es ist der Mühe werth, sich hier ein wenig aufzuhalten, und über beyde Puncte eine Vergleichung zwischen beyden Nationen anzustellen. Außerdem, daß dadurch die Einsicht manches Lesers in die Geschichte der neuern Musik erweitert wird, erhält

Vorrede.

erhält man auch Gelegenheit, manchen guten Wunsch, und manchen nicht ganz verwerflichen Vorschlag zur Verbesserung des Gesangsstudiums in Deutschland zu thun. Am Ende will ich noch ein Verzeichniß von verschiedenen berühmten Singmeistern, Sängern und Sängerinnen anführen, die seit dem Anfange des jetzigen Jahrhunderts inn- und außerhalb Italien berühmt geworden sind. Möchte doch mancher übereilte Verächter der Musik, wenn er so viele unter ihnen mit Ehre und Glücksgütern überhäuft sieht, von dem irrigen Wahne zurück gebracht werden, daß die Musik verächtliche und verdorbene Leute mache! Ihr aber, meine jüngern Freunde und Freundinnen, die Ihr durch Ausübung einer so schätzbaren Kunst einst Glück und Ehre zu erlangen strebt, laßt Euch das Beyspiel Eurer berühmten Vorgänger zu einem unverdroßnen Fleiße reizen! Und wenn Ihr den Gipfel erreicht habt, von welchem Ihr alles um Euch her in Entzücken und Erstaunen fortreißt, so hütet Euch, daß Ihr nicht durch einen anstößigen Lebenswandel, und durch ein unanständiges Betragen das wieder verliehrt, was Ihr durch Euer Talent erobert hattet.

Ich nehme die historischen Nachrichten, die ich beybringen will, hauptsächlich aus zween musikalischen Schriftstellern, von denen der erste, ein Engländer, und Doctor der Musik, Carl Burney, seiner musikalischen Reise wegen, von welcher die Beschreibung zu Hamburg im Jahre 1772 in deutscher Sprache gedruckt ist, keinem Musikliebhaber unbekannt seyn wird. Der zweyte, Giambatista Mancini, ist Singmeister des kayserlichen Hofes zu Wien, und hat daselbst im Jahre 1774 ein Buch in 4to drucken lassen, unter dem Titel: Pensieri e Riflessioni pratiche sopra il Canto figurato. Es thut mir Leid, daß ich nicht viel zu meiner Absicht Brauchbares in diesem Buche gefunden habe. Practische Beyspiele fehlen fast ganz darinne. Der Autor hat es der Erzherzoginn, Maria Elisabeth, die er im Gesange unterrichtet hat, zugeeignet. Er sagt in der Zueignungsschrift von ihr: „Sie bringe die größten Feinheiten mit ei„ner solchen Richtigkeit und Sicherheit heraus, daß sehr we„nig Beyspiele einer so hervorragenden Geschicklichkeit ange„führt werden könnten.„ Burney, der den Mancini in Wien sprach, hörte von ihm, daß er acht Erzherzoginnen singen gelehrt habe, wovon die meisten gute Stimmen, und es ziemlich weit gebracht hätten, besonders die Prinzessinn von Parma, und die Erzherzoginn Elisabeth, welche beyde ein gutes Trillo, ein gutes Portamento, und große Leichtigkeit in Herausbringung geschwinder Passagien hätten. Ein guter Singmeister für Prinzessinnen mag er dann wohl seyn; ob aber ein guter Schriftsteller — darüber mag ich mich nicht gradezu erklären; weil ich mich doch etwan ein = oder das anderemal auf ihn berufen möchte.

Nun zur Sache: Sehr ermunternd ist es für einen italiänischen Sänger, daß er, inn = und außerhalb seines Vaterlandes, so mannichfaltige Gelegenheit findet, seine Talente zu zeigen, und dafür ansehnlich belohnt zu werden. Jede etwas beträchtliche Stadt in Italien hat ein singendes

Theater,

Vorrede.

Theater, auf welchem ernsthafte oder comische Opern gegeben werden. Die großen Städte haben deren mehrere, wie man denn in Venedig sieben Theater *) antrifft, welche ihre Benennung nach den Kirchen der Heiligen haben, in deren Nachbarschaft sie liegen. S. Moisè, S. Samuele, S. Benedetto und S. Cassano sind für die Oper, S. Luca, S. Grisostomo und St. Angelo für die Comödie. Wie außerhalb Italien, an verschiedenen deutschen Höfen, in England, Rußland, und fast allen europäischen Reichen der italiänische Gesang geschätzt werde, ist bekannt.

Aber nicht das Theater allein, sondern auch die Kirchen beeifern sich musikalische Talente hervor zu suchen, und zu belohnen. Nicht leicht wird eine Kirche in einer italiänischen Stadt das Fest ihres Schutzheiligen, oder ein anderes großes Fest feyern, wo sie nicht die berühmtesten Virtuosen aus andern Gegenden herbey ruft, und durch ansehnliche Belohnungen verbindlich macht, ein solches Fest, durch ihre Talente, verschönern zu helfen.

Wie es um diese beyden Artikel in Deutschland aussieht, weiß jedermann. Noch haben wir kein singendes Theater, sondern es läuft so etwas demselben Aehnliches neben der Comödie her, und wird von dieser so im Zaume gehalten, daß es in solcher Verfassung nicht leicht der Sammelplatz deutscher Virtuosen werden wird. Und die Kirchen — Ach, lieber Gott! es ist traurig, zu sagen, um welchen

*) D. Volkmanns historisch-kritische Nachrichten von Italien, B. 3. S. 617.

chen Preis die Musik da auftreten soll, die Ehre Gottes, die Andacht einer christlichen Gemeinde zu befördern, und ihre eigene Würde zu behaupten. Kann sie, bey so bewandten Umständen wohl anders, als schlecht seyn? so daß sie von vielen vernünftigen Männern für ganz entbehrlich gehalten wird. Aber kann man auch eine Sache, die man immer als ein wesentliches Stück des Gottesdienstes angesehen hat, die zu Davids und Salomons Zeiten so herrlich und prächtig war — kann man eine Wissenschaft, welcher der große Luther den nächsten Rang nach der Theologie gab, zu solcher Verachtung herab sinken lassen?

Aber nicht allein in der Ermunterung der musikalischen Talente, sondern auch in den Anstalten sie zu bilden, und zu einer gewissen Vollkommenheit zu bringen, möchten uns die Italiäner überlegen seyn. Italien ist zur Zeit noch das einzige Land, welches eigene Musik- und Singschulen errichtet, und dadurch das Mittel gefunden hat, das Glück manches armen Kindes von beyderley Geschlecht in der Welt zu befördern, so wie dadurch zugleich ihr Gesang der herrschende in Europa geworden ist. Diese Musikschulen werden Conservatorien oder Hospitäler genennt. Venedig hat deren vier, und Neapel drey. Die zu Venedig sind für Mädchen, die zu Neapel für Knaben gestiftet. Das Ospidale della Pietà zu Venedig ist das zahlreichste: es sind über tausend Mädchen darinne, von denen siebenzig zur Musik angeführt, und von den besten Meistern unterwiesen werden. Sie singen nicht allein, sondern spielen die Orgel, die Vio-

linen,

linen, die Flöten, Violoncel, und blasen sogar die Waldhörner. Jeden Sonnabend und Sonntag Abend wird in allen vier Conservatorien, so wie auch an den großen Festen Musik aufgeführt. Ein Maestro oder Kapellmeister hat die Aufsicht über das Musikstudium eines jeden Conservatoriums, componirt für dasselbe, und führt die Musiken meistentheils selbst auf. Der jetzige Maestro della Pietà ist Sign. Furnaletti, ein Ordensgeistlicher. Es ist dieß Hospital eine Art von Findlingshause, für uneheliche Kinder, und steht unter dem Schutze verschiedener von Adel, Bürger und Kaufleute, welche, so groß auch die Einkünfte des Hauses sind, noch jährlich zu seiner Unterhaltung zuschießen. Die Mädchen werden hier so lange erzogen, bis sie verheyrathet werden, oder durch die Musik ihre weitere Versorgung finden. Die Kosten des musikalischen Unterrichts in einem solchen Conservatorio sollen sehr unbeträchtlich seyn, indem man für den Gesang und die verschiedenen Instrumente etwan fünf oder sechs Lehrer besoldet, und die ältern Mädchen die jüngern unterrichten müssen.

In Ansehung der Stimmen und des Orchesters zieht Burney das Ospidale agl' Incurabili dem vorigen und den beyden übrigen vor. Es ist in der Anzahl der musikalischen Subjecte, die sich nicht über vierzig belaufen soll, zwar schwächer als das vorher beschriebene; aber die Compositionen eines *Galuppi*, der Maestro an demselben ist, und vielleicht bessere Lehrer, verschaffen ihm den Vorzug vor den andern. Hasse ist einmal Maestro in diesem Conservatorio gewesen,

und er hat ein Miserere, auf zwey Sopran- und zwey Alt-
stimmen, nebst zwey Violinen, Viole und Baß zur Begleitung, für dasselbe geschrieben, das noch immer in der Char-
woche aufgeführt wird, und das der Abate Martini eine wun-
dervolle Composition nannte.

In dem Conservatorio de' Mendicanti wohnte Burney
einem Concerte bey, das die Priorinn, eine schon bejahrte
Frau, selbst anführte. Alle Instrumente, selbst der Contra-
violon, wurden von jungen Frauenzimmern gespielt. Hier
war es, wo die beyden berühmten Tonkünstlerinnen, die
Archiopata, jetzige Sgra Guglielmi, und die in England und
Deutschland berühmte Sgra Maddalena Lombardini Sirmen,
ihre musikalische Erziehung erhielten. Sgr. Bertoni ist Kapellmeister bey diesem Conservatorio, so wie es Sgr. Sacchini
beym Ospedaletto a Giovanni e Paolo ist. Die Kinder in diesen Conservatorien sind meistentheils arme Waysen, doch
werden auch andere für ihre Kosten darinne in Pension genommen, und unterrichtet.

Die drey Conservatorien zu Neapel, namentlich: S.
Onofrio, la Pietà, und Sta Maria de Loretto, sind, wie ich
schon gesagt habe, blos für Knaben gestiftet. Die Zahl derselben beläuft sich, im ersten auf neunzig, im zweyten auf
hundert und zwanzig, und im dritten auf zweyhundert. Sie
werden im Gesange, in allerley Instrumenten, und in der
Composition unterrichtet. Jedes dieser Conservatorien hat
zween Oberkapellmeister, wovon der eine die Compositionen
der Schüler durchsieht und verbessert, der zweyte aber die

Aufsicht

Vorrede.

Aufsicht über das Gesangstudium führt. Zu den Instrumenten sind andere Meister da, Maestri secolari genannt. Piccini, Paesiello, Boroni, und eine Menge andere italiänische Componisten haben ihre Erziehung diesen Conservatorien zu danken.

Nun was stellen wir den Italiänern entgegen? Ihren Conservatorien unsere Currenden und Alumnden? Diese müssen uns zwar zu unsern Kirchenmusiken die Sänger liefern; da aber keiner deswegen aufgenommen wird, um in der Musik vortrefflich zu werden; da an sehr vielen Orten so gar Vorwürfe und Plackereyen die unausbleibliche Folge sind, wenn ein junger Mensch einen vorzüglichen Hang zu dieser sehr schätzbaren Wissenschaft verräth, so ist es kein Wunder, wenn er sich darinne nie über das Mittelmäßige hinaus schwingt, sondern sie blos als ein Mittel ansieht, neun bis zehn Jahre lang sich auf einer öffentlichen Schule mit allen Bedürfnissen versorgen zu lassen.

Unsere Kirchenmusiken können daher, wenigstens in der Ausführung, nichts sehr reizendes haben. Burney macht uns zwar von den gewöhnlichen Kirchensängern in Italien keinen sehr vortheilhaften Begriff, da er sagt *):
„Alle Sänger in den Kirchen werden jetzt aus dem Aus-
„schusse der Opernhäuser zusammen gelesen, und sehr selten
„findet man einen Sänger mit erträglicher Stimme in ganz
„Italien, der bey einer Kirche in Diensten stünde. Die
„Vir-

*) Burney's Tagebuch. Th. I. S. 257.

Vorrede.

„Virtuosen, welche gelegentlich blos an hohen Festen daselbst „singen, sind gemeiniglich Fremde, die für diese Zeit bezahlt „werden.„ Burney sagt indeß nur, daß es ihnen an der guten Stimme fehle, und läugnet damit nicht, daß sie nicht sehr geübte und verständige Sänger seyn können, da sie zuvor lange auf Theatern gesungen. Dieß verhält sich bey unsern Kirchensängern bey weiten nicht so. Erfahrung und Einsicht scheinen ihnen am meisten zu fehlen, wenn sie auch sonst bisweilen den Vortheil einer guten Stimme und Festigkeit in der Musik haben.

An einem andern Orte sagt Burney, daß das Theater den Kirchen in Italien viel gute Sänger entziehe, weil sie da besser bezahlt würden. Das ist wieder bey uns Deutschen der Fall nicht. Denn auf unserm Theater tritt mancher als ein Sänger hin, der in der Kirche gar nicht zu brauchen wäre, weil man da doch wenigstens die Anfangsgründe der Musik wissen muß.

Die weiblichen Stimmen sind in Italien zwar auch von der Kirchenmusik ausgeschlossen, weil man diese Stimmen allda durch Castraten ersetzen kann. Daß wir aber, da wir das eine nicht können, das andere nicht wollen, davon läßt sich schwerlich eine andere Ursache finden, als daß man diesen Umstand noch nicht gehörig, und ohne Vorurtheil überlegt hat. Wenn Gott den Menschen die vortreffliche Gabe, melodische Töne mit ihrer Kehle hervor zu bringen, vornehmlich gegeben hat, um ihn damit zu loben und zu preisen: so ist es ja höchst ungereimt, wenn man das andere

Vorrede.

dere Geschlecht, das diese Gabe in einem reichlichern Maaße vom Schöpfer empfieng, davon ausschließt. — „Es ist vor „Alters auch nicht geschehen,„ sagt man. — Die Ursachen, warum es vor Alters nicht geschehen ist, passen nicht auf unsre Zeiten; und wenn wir nichts gut finden wollen, was nicht vor Alters auch so war, so sind wir gewiß von der Einrichtung dieser irdischen Welt, und von dem Endzweck unsers Aufenthalts in derselben schlecht unterrichtet. Ich dächte, wenn wir etwas besser zu machen wissen, daß es unsere Pflicht wäre, es besser zu machen, ohne erst die Alten darum zu fragen.

Die schlechte Beschaffenheit unserer Kirchen- und Theatermusik ist noch mit einem andern Nachtheile verknüpft. Junge Genies haben nie Gelegenheit etwas in seiner Art vortreffliches zu hören, was ihnen als Muster zur Nachahmung dienen könnte. Wenigstens ist dieß in allen den Städten der Fall, wo kein Hof eine Kapelle hält. Ihre Anzahl ist gewiß 30 gegen 1. Italien hat darinne einen überwiegenden Vorzug vor Deutschland. Man nehme alle die Kirchen, Klöster, Theater und Privatconcerte zusammen, die man nicht allein in den Haupt- sondern auch Mittelstädten Italiens antrifft, so wird man sich nicht wundern, wenn die Gassenvirtuosen*) in Venedig manches deutsche Concertorchestre beschämen. Blos dieses Vortheils wegen ist einem jungen Genie die Reise nach Italien sehr zu wünschen.

*) Burney's Tagebuch. Th. 1. S. 100. 104.

Vorrede.

Die bisherige Beschreibung der Gestalt der Musik, die sie in Italien hat, und die Dagegenhaltung unserer deutschen Verfassung, läßt uns nicht lange zweifelhaft, welcher von beyden Nationen der Vorzug gebühre. Wir sind freylich noch zurück; aber wollen wir denn nicht versuchen nachzukommen? Wir können vielleicht nie auf die Ermunterung und Unterstützung rechnen, die das Musikstudium in Italien hat; wollen wir es deßwegen gänzlich verabsäumen?

Die Musik ist, nach der weisen Absicht des Schöpfers, zu unserm Vergnügen bestimmt, und sie ist gewiß das edelste und unschuldigste, das ein Mensch auf Erden haben kann. Könnten und sollten wir nun nicht, um diesem Vergnügen mehr Reiz, mehr Feinheit zu verschaffen, uns die Verbesserung und Verfeinerung der Sache selbst angelegen seyn lassen. Wir haben ein Mittel dazu, das an den meisten Orten leicht zur Ausführung gebracht werden kann. Man errichte, nach Beschaffenheit des Orts, Concertgesellschaften, wöchentliche Uebungen, wobey man hauptsächlich sein Augenmerk auf die Verbesserung des Gesanges richtet. Man begehe dabey aber nicht wieder den Fehler, daß man das weibliche Geschlecht davon ausschließt. Freylich gehört ein arbeitsamer und verständiger Mann dazu, der sich, mehr aus Liebe zur Sache, als für eine reichliche Belohnung, einem so mühsamen Geschäffte unterzieht, als der Unterricht im Gesange wirklich ist. Unsere Concertgesellschaften, und die damit verbundenen Singschulen, werden zwar nie die Figur machen, die ein italiänisches Conservatorium macht,

oder

Vorrede.

oder soviel Einfluß, als jenes, auf das Ganze der Musik haben: ohne Nutzen aber würden sie doch nicht seyn; die in den Kirchen aufzuführenden Musiken würden gewiß gewinnen, in sofern sie von eben den Subjecten aufgeführt würden, die sich in einer solchen Gesellschaft zusammen üben, und das um soviel mehr, wenn diese Gesellschaft selbst fleißig Stücke zur Aufführung wählte, die aus der Kirche entlehnt sind. Ich rede hier aus eigener Erfahrung; und wenn ich mich nicht ausführlicher darüber heraus lasse, so geschieht es, um dem Vorwurfe der Eitelkeit auszuweichen.

Und nun will ich noch das oben versprochene Verzeichniß berühmter Singmeister, Sänger und Sängerinnen, aus des Mancini angeführtem Tractate, hier beyfügen. Wenn auch zur bessern Belehrung manches unglücklichen Verächters der Musik nichts darinne seyn sollte, so zweifle ich doch nicht, daß eine nähere Bekanntschaft mit diesen Personen, jungen Leuten, die eben dieselbe Laufbahn betreten wollen, zu einiger Ermunterung oder rühmlichen Nacheiferung dienen werde.

„Die angesehensten und berühmtesten Schulen, sagt „Mancini, die seit ohngefähr funfzig Jahren, im Rufe gestan„den haben, sind, die des Francesco Antonio Pistocchi zu Bo„logna, des Brivio in Meyland, des Francesco Peli in Mo„dena, des Francesco Redi in Florenz, des Amadori in Rom, „des Nicolo Porpora, des Leonardo Leo, und des Francesco „Feo zu Neapel. Das Verdienst dieser Schulen, sowohl
„in

Vorrede.

„in Ansehung der Lehrenden als der Lernenden, kann nicht
„genug gepriesen werden."

„Um aber mit einiger Ordnung zu Werke zu gehen,
„will ich die braven Männer kürzlich berühren, die gegen
„das Ende des vergangenen Jahrhunderts sich berühmt ge-
„macht haben. Es lebte damals der Ritter Baldaſſarre Ferri,
„von Perugia gebürtig. Er hatte die schönste, ausgedehntes
„ste, biegsamste, angenehmste und wohlklingendste von allen
„Stimmen. Er war ein so bewundernswürdiger *) Sän-
„ger, daß, bey seinem Leben, die Potentaten in Europa
„um seinen Besitz wetteiferten, ihn mit Ehre und Reichthü-
„mern überschütteten, und nach seinem Tode die italiäni-
„schen Musen sein Lob priesen. Die Schönheit seiner Stim-
„me, sagen seine Zeitverwandten, und der Reiz seines Ge-
„sanges kann mit Worten nicht ausgedrückt werden. Er
„besaß im höchsten Grade alle Charactere der Vollkommen-
„heit in jeder Art: er war munter, kühn, gravitätisch, zärt-
„lich nach seinem Gefallen: er riß alle Herzen hin, wenn er
„mit Ausdruck sang. Mit einem einzigen Athem lief er,
„mit aneinander hängenden Trillern, zwo volle Octaven auf
„und ab, und traf alle cromatischen Stufen, auch ohne Be-
„gleitung, mit solcher Genauigkeit, daß, wenn das Orche-
„stre von ohngefähr den Ton anschlug, den er jetzt hören
„ließ, er mochte mit b oder ♯ bezeichnet seyn, so fand man
„ihn

*) In Walthers Wörterbuche wird er ein vortrefflicher Instrumental-Musicus ge-
nannt, und zum Beweise dessen Bontempi Istoria Musica angeführt.

„ihn so rein und übereinstimmend, daß ein jeder darüber
„erstaunte.„

„Die berühmten Sänger *Siface*, und der Ritter Mat-
„teucci waren beyde außerordentlich, wegen der seltenen
„Schönheit der Stimme, und der Art für das Herz zu sin-
„gen. Matteucci, nachdem er dem spanischen Hofe, zu des-
„sen vollkommener Zufriedenheit, lange Jahre gedient hatte,
„kam, in seinem spätern Alter, in seine Vaterstadt Neapel
„zurück, allwo er noch im Jahre 1730 lebte, und, blos aus
„Andacht, jeden Sonnabend in der Kirche sang. Ob er
„gleich schon über achtzig Jahre alt war, hatte er doch noch
„eine so frische und helle Stimme, und sang in allen Ma-
„nieren mit soviel Leichtigkeit und Geschwindigkeit, daß je-
„der Zuhörer, der ihn nicht sahe, glauben mußte, es sey ein
„Jüngling in den muntersten Jahren.„

„Der vortreffliche Gaetano Orsini, der in Diensten des
„kayserlichen Hofes zu Wien starb, hatte ebenfalls das Glück,
„eine schöne, geschmeidige und biegsame Stimme bis in sein
„hohes Alter zu erhalten.„

„Francesco Antonio Pistocchi, der gegen das Ende des
„vorigen Jahrhunderts sich anfänglich unter die Mönche
„dell' Oratorio zu Forli begab, ließ sich, nach einiger Zeit,
„in seiner Geburtsstadt Bologna nieder. Er eröffnete hier
„eine Singschule, wo er jeden Schüler mit soviel Liebe und
„Einsicht unterrichtete, daß man nur auf den glücklichen Er-
„folg, den seine Bemühungen gehabt haben, sehen darf, wenn
„man sich von seiner Wissenschaft überzeugen will.„

II. Theil. b „Der

XVIII Vorrede.

„Der vornehmste unter seinen vier berühmten Schü-
„lern ist gewesen Antonio Bernacchi, aus Bologna, mein Lehr-
„meister. Da er von der Natur keine gute Stimme bekom-
„men hatte, wie er es selbst gestand, so brachten ihn seine
„Freunde zu dem Entschlusse, daß er sich der Unterweisung
„des Pistocchi überließ, welcher ihn nicht allein sehr willfäh-
„rig aufnahm, sondern auch, ohne Zeitverlust, ihm die
„Uebungen vorschrieb, die er vorzunehmen hatte, um sich
„durch Fleiß in denselben die Vortheile zu verschaffen, durch
„die es ihm einigermaßen gelingen konnte. Der folgsame
„Schüler ermangelte nicht, eine solche Mühe, so verdrießlich
„und beschwerlich sie auch war, über sich zu nehmen, und
„sich, nach der Vorschrift des Meisters, eine Zeitlang zu
„üben, auch täglich zu ihm zu gehen, um ihn über alles zu
„Rathe zu ziehen. Während dieser Zeit sang er in keiner
„Kirche, auf keinem Theater; ja er wollte sich nicht einmal
„vor seinen vertrautesten Freunden hören lassen. Er blieb
„standhaft dabey, bis ihm sein Meister selbst rieth, und nun
„die Zeit gekommen war, wo er durch seine erlangte Voll-
„kommenheit der allgemeinen Bewunderung versichert seyn
„konnte. Einen so guten Erfolg hatte der Beystand eines
„solchen Meisters, und der unermüdete Fleiß eines so willi-
„gen Schülers. Meine Feder würde zuviel unternehmen,
„wenn sie alle die Lobsprüche niederschreiben wollte, die die-
„ser große Mann verdient. Es ist genug, wenn ich sage,
„daß er allgemein bewundert ward, und daß er einer der er-
„sten unter den Sängern seiner Zeit war, wie mir, sonder
„Zwei-

„Zweifel, alle die bezeugen werden, die ihn gehört haben,
„von denen noch sehr viele am Leben sind. Aus dieser Be-
„gebenheit zog der Schüler die nützliche Folgerung, daß ein
„anhaltender Fleiß, unter der Anführung eines geschickten
„Meisters, eine schlechte Stimme zu einer guten machen
„könne."

„Bernacchi war aber nicht allein einer der ersten Sän-
„ger seiner Zeit, sondern er ahmte auch seinen Meister dar-
„inne nach, daß er, zum Besten junger Leute, eine Schule
„eröffnete. Die Anzahl seiner Schüler ist aber bis jetzt faſt
„ganz weggestorben, indem nur noch der namhafte Giovan-
„ni Tedeschi Amadori, der brave Tommaso Guarducci, und
„der berühmte und namhafte Anton Raff am Leben sind.
„Diese drey Professoren *) die sich, jeder in seiner mannich-
„faltigen, gewählten, und eigenthümlichen Manier, mit
„allgemeinem Beyfall gezeigt haben, verbanden damit noch
„einen so untadelhaften Lebenswandel, daß die Kunst ver-
„bunden ist, ihr Andenken in Ehren zu halten.

„Antonio Pasi von Bologna, ebenfalls ein Schüler des
„Pistocchi **), machte sich durch seine meisterhafte Sing-
„art, die durchaus von seltenem Geschmacke war, berühmt.
„Bey einem festen Tragen, und einer völligen Gleichheit
„der Stimme, hatte er sich gewisse Manieren zu eigen gemacht,

b 2

*) So nennt man in Italien jeden Musiker, der in seiner Kunst etwas vorzügliches
leistet.
**) Es ist demnach ein Fehler, wenn in Burney's Tagebuche Th 2. S. 249. steht,
dieser, und die beyden folgenden, wären Schüler des Bernacchi gewesen.

„macht, die in Schleifern, Mordenten und Verziehen der
„Tactbewegungen bestanden, welche in der möglichsten
„Vollkommenheit, und bey schicklichen Gelegenheiten an-
„gebracht, einen eigenen und bewundernswürdigen Stil
„hervor brachten.„

„Giambattista Minelli aus eben dieser Stadt, und eben
„derselben Schule, sang den Contr' Alt mit einem festen
„Tone und gut getragener Stimme. Es war damit noch
„eine tiefe Einsicht verbunden, so daß er sich in seiner Art
„sehr berühmt machte.„

„Bartolino von Faenza, ebenfalls ein Schüler des vor-
„her genännten Pistocchi, und Gesellschafter des Bernacchi
„im Studiren, war einer der vornehmsten unter den da-
„maligen Sängern.„

„Durch eine originelle Art zu singen, und eine vor-
„treffliche Action machten sich ferner Senesino *), und Gio-
„vanni Carestini berühmt. Dieser letztere war zu Monza
„Filatrana in der Mark Ancona gebohren. Als ein Knabe
„von zwölf Jahren kam er nach Meiland, wo er, wegen
„der Wohlthaten, die er von der Familie Cusani genoß, den
„Zunamen Cusanino bekam. Ob seine Stimme gleich von
„Natur schön war, so unterließ er doch nicht, sie durch Fleiß
„noch

*) Diesen Namen erhielt er von seinem Geburtsorte Siena. Sein Vorname war
Francesco Bernardo. Im Jahre 1719 sang er in der Oper zu Dreßden; von da
gieng er mit Händeln nach England, und endlich mit Ruhm und 15000 Pfund
Sterling beladen wieder in sein Vaterland zurück. Hawkins History of Music
T. V. p. 306.

„noch mehr zu verschönern, und sich in allen Singarten so
„geschickt zu machen, daß er schon in seiner Jugend sich ei-
„nen großen Ruf und Zutrauen erwarb. Er hatte einen er-
„findungsreichen Geist, und eine sehr feine Beurtheilungs-
„kraft, so daß, wenn seine Erfindungen auch noch so artig
„waren, er doch nie damit zufrieden war. Es kam eines
„Tages ein Freund dazu, als er eben für sich studirte, und
„bezeugte ihm über sein Singen seinen Beyfall; Carestini
„aber gab ihm zur Antwort: Wenn ich mir selbst nicht
„Genüge leisten kann, so werde ich es gewiß auch für
„andere nicht können. Er wiederholte indeß diese Arie
„so lange, bis er so etwas fand, woran er selbst einigen Ge-
„fallen hatte. Es war daher in seinem Gesange allemal
„Wahl, Ueberlegung und Erhabenheit. Er vernachläßigte
„auch die Action nicht, sondern studirte sie sehr fleißig. Es
„gelangen ihm daher, bey einer guten Leibesgestalt, alle Cha-
„ractere so vollkommen, daß er durch diesen Umstand schon
„allein sich berühmt machte *).„

„Und nun öffnet sich mir ein reizendes Feld, da ich die
„merkwürdigen Damen zu nennen habe, die mit voret-
„wähnten berühmten Sängern zugleich geblühet haben **).„

„Der

*) Alles, was hier vom Carestini gesagt wird, ist sehr richtig. Ich habe diesen in seinem Fache gewiß großen Mann in den Opern Arcidamia, Leucippo und Demofoonte in Dresden gesehen und gehört. Er sang den Contr' Alt in der Höhe bis g̅, in der Tiefe bis c und d. Seine tiefen Töne waren angenehm still, voll und stark. Seine Bescheidenheit war auch damals noch eben so groß, als seine Geschicklichkeit.

**) Herr Mancini ist in Beschreibung des Verdienstes dieser Damen ein wenig weitschweifig und unverständlich. Ich werde daher das, was von ihnen zu sagen ist

XXII Vorrede.

„Der erste Platz gebühret, ohne Zweifel, der Victoria
„Tesi Tramontini, zu Florenz gebohren, allwo sie auch die
„erste Unterweisung im Gesange von dem berühmten Ka-
„pellmeister Francesco Redi bekam. Sie gieng hernach nach
„Bologna, und setzte ihr Studium unter der Anführung des
„Campeggi fort; doch unterließ sie nicht, zu gleicher Zeit, die
„Schule des Bernacchi zu besuchen. Ob sie nun gleich nie
„das Gesangsstudium vernachläßigte, so trieb sie doch ihr
„natürlicher Hang mehr zur Uebung in der Action an. Sie
„hatte im Jahre 1769 die Ehre von dem Könige in Dänne-
„mark mit dem Ordenskreuze der Treue und Beständigkeit
„beschenkt zu werden."

(Die Tesi war von der Natur mit einer männlich starken Contraltstimme begabt. Im Jahre 1719 sang sie zu
Dreßden mehrentheils solche Arien, als man für Bassisten
zu setzen pflegt. Jetzo aber, im Jahre 1725, wo sie zu Neapel in der Oper sang, hatte die Prächtige und
Ernsthafte, auch eine angenehme Schmeicheley im Singen
angenommen. Der Umfang ihrer Stimme war außerordentlich weitläuftig. Hoch oder tief zu singen machte ihr
beydes keine Mühe. Viele Passagien waren eben nicht ihr
Werk. Durch die Action aber die Zuschauer einzunehmen,
schien sie gebohren zu seyn, absonderlich in Mannsrollen,
als

ist, lieber aus Quanzes Lebenslaufe, der im ersten Bande der Marpurgischen
Beyträge zu finden ist, entlehnen, und an jedem Ort, in Klammern eingeschlossen,
beyfügen.

Vorrede.

als welche sie, zu ihrem Vortheile, fast am natürlichsten ausführte.)

„Auf diese folgt sogleich Faustina Bordoni, die Gemahlinn des Churfächf. Oberkapellmeisters Hasse. Sie war in Venedig gebohren, allwo sie den Gesang unter der Anführung des Michelangiolo Gasparini aus Lucca studirte."

(Die Faustina hatte eine zwar nicht allzuhelle, doch aber durchdringende Mezzosopranstimme, deren Umfang sich, im Jahre 1727, da sie in London sang, vom ungestrichenen b nicht viel über das zweygestrichene g erstreckte, nach der Zeit aber sich noch mit ein Paar Tönen in der Tiefe vermehrt hat. Ihre Art zu singen war ausdrückend und brillant, (un cantar granito). Sie hatte eine geläufige Zunge, Worte geschwind hinter einander, und doch deutlich auszusprechen, eine sehr geschickte Kehle, und einen schönen und sehr fertigen Triller, welchen sie, mit der größten Leichtigkeit, wie und wo sie wollte, anbringen konnte. Die Passagien mochten laufend oder springend gesezt seyn, oder aus vielen geschwinden Noten auf einem Tone nacheinander bestehen, so wußte sie solche, in der möglichsten Geschwindigkeit, so geschickt heraus zu stoßen, als sie immer auf einem Instrumente vorgetragen werden können. Sie ist unstreitig die erste, welche die gedachten, aus vielen Noten auf einem Tone bestehenden Passagien, im Singen, und zwar mit dem besten Erfolge angebracht hat. Das Adagio sang sie mit vielem Affect und Ausdrucke; nur mußte keine allzutrauri-

Vorrede

... Leidenschaft, die nur durch schleifende Noten, oder ein ... Tragen der Stimme ausgedrückt werden kann, da ... herrschen. Sie hatte ein gutes Gedächtniß in den willkührlichen Veränderungen, und eine scharfe Beurtheilungskraft, den Worten, welche sie mit der größten Deutlichkeit vortrug, ihren gehörigen Nachdruck zu geben. In der Action war sie besonders stark; und weil sie der Vorstellungskunst, oder, mit Herrn Mattheson zu reden, der Hypocritik in einem hohen Grade mächtig war, und nach Gefallen, was für Minen sie nur wollte, annehmen konnte, kleideten sie sowohl die ernsthaften, als verliebten und zärtlichen Rollen gleich gut. Mit einem Worte: Sie war zum Singen und zur Action gebohren.)

„Francesca Cuzzoni, aus Parma gebürtig, war eine „Schülerinn des Francesco Lanzi, eines verdienstvollen Sän„gers. In London verheyrathete sie sich mit dem großen „Clavier= und Orgelspieler Sandoni.„

(Die Cuzzoni hatte eine sehr angenehme und helle Sopranstimme, eine reine Intonation und schönen Trillo. Der Umfang ihrer Stimme erstreckte sich vom eingestrichenen c bis ins dreygestrichene c. Ihre Art zu singen war unschuldig und rührend. Ihre Auszierungen schienen, wegen ihres netten, angenehmen und leichten Vortrags nicht künstlich zu seyn; indessen nahm sie durch die Zärtlichkeit desselben doch alle Zuhörer ein. Im Allegro, hatte sie, bey den Passagien, eben nicht die größte Fertigkeit; doch sang sie solche sehr rund, nett und gefällig. In der Action war

sie

Vorrede. xxv

fie etwas kalt; und ihre Figur war für das Theater nicht
allzu vortheilhaft.)

„Gaetano Majorano Caffarelli ist in der Provinz Bari
„gebohren. In seiner Jugend gieng er nach Neapel, wo
„er sich mit solchem Fleiße auf das Gesangsstudium legte,
„daß er sich in kurzer Zeit die Bewunderung aller Kunstver-
„ständigen erwarb. Er sang nach der Zeit auf vielen Thea-
„tern in Italien, und verschaffte sich einen großen Namen
„damit. Ich mag, da er noch am Leben ist, von seinen Ver-
„diensten nicht weitläuftiger reden; ganz Europa *) kennt
„sie.

„Carlo Scalzi, ein Genueser, brachte es in seiner Kunst
„so weit, daß man ihn unter die ersten Sänger zählt. Nach
„der Zeit haben sich noch berühmt gemacht: Giovacchino
„Conti Gizziello, Agostino Fontana, Regginella, Domenico
„Annibali, Angelo Maria Monticelli, Giuseppe Appiani, Fe-
„lice Salimbeni, alle aus Meiland, und endlich noch die bey-
„den braven Tenoristen Gregorio Babbi von Cesena, und
„Angelo Amorevoli von Venedig.„

„Unter die Sängerinnen, die sich in der Folge der Zeit
„durch den Gesang berühmt gemacht haben, gehören eine
Peruz-

---

*) Das ist viel gesagt; aber von nicht geringerer Bedeutung ist das, was
Burney, der ihn den Altvater des Gesanges nennt, von ihm berichtet. Es
hat dieser berühmte Sänger ein Herzogthum gekauft, welches sein Neffe, nach
seinem Tode, besitzen soll. Sein Titel ist: Duca di Santo dorato. Er ist sehr
reich, und singt dennoch oft für Geld in den Kirchen und Klöstern. Er hat sich
ein prächtiges Haus gebaut, über dessen Thüre die Aufschrift steht: Amphion
Thebas, ego Domum. Amphion baute Theben, ich ein Haus.

„Peruzzi; eine Theresia Reuther, Kammersängerinn am kayserl. Hofe zu Wien; eine Catarina Visconti; eine Giovanna Astrua, und eine Mingotti. Ich unternehme es nicht ihnen hier ausführliche Lobsprüche zu machen, um mich in diesem Artikel nicht zu lange aufzuhalten; ich bin auch überzeugt, daß der Leser schon durch andere Wege von ihren Verdiensten unterrichtet seyn wird."

„Auch in unsern Tagen sind noch verschiedene da, welche die Ehre und Würde der Kunst zu behaupten wissen. Z. E. eine Rosa Tartaglini, die Frau des braven Tenoristen Tibaldi; die aber schon seit einigen Jahren das Theater freywillig verlassen hat; eine Catarina Gabrielli; eine Lucrezia Agujari; eine Anna de Amicis; eine Elisabeth Teuberinn; eine Antonia Girelli Aguillar; eine Antonia Bernasconi; eine Catharina Schindlerinn, und ihre Enkelinn, Marianne Schindlerinn. Unter den Mannspersonen: ein Santarelli; ein Giovanni Manzuoli; ein Filippo Elisi; ein Ferdinando Mazzanti; ein Giuseppe Aprile; ein Gaetano Guadagni; ein Pasquale Potenza; ein Carlo Nicolini; ein Ferdinando Tenducci; ein Carlo Conciolini; ein Giuseppe Millico; ein Antonio Goti; ein Venanzio Rauzzini; ein Antonio Graffi; ein Giovanni Toschi; ein Giuseppe Cicognani; ein Consorti; ein Pacchierotti, und noch verschiedene andere. Da diese noch am Leben sind, und sich durch ihre Geschicklichkeit selbst soviel Ehre und Ruhm erwerben, so wäre es Vermessenheit, wenn ich ihn mit meinen Lobsprüchen vermehren zu können glaubte."

So

Vorrede.

So weit Herr Mancini. Er hat uns hier ein ziemlich trockenes und unvollständiges Namensregister gegeben, das ich leicht reichhaltiger und unterrichtender hätte machen können, wenn ich nicht fürchten müßte, diese Vorrede zu einer ungeheuern Länge auszudehnen. Ich werde bald, an einem andern Orte, wenn Gott Leben und Gesundheit verleihet, Gelegenheit haben, die Lücken dieses Schriftstellers auszufüllen.

Ich wende mich nun wieder zu meinem vorhabenden Werke. Wenn daßelbe die Lehre vom musikalisch=zierlichen Gesange enthalten soll; so will ich damit nichts anderes sagen, als daß alles, was im Gesange als Verschönerung und Auszierung zu betrachten ist, in den Regeln der Harmonie und Melodie seinen Grund haben müsse, wenn es gut seyn solle; und daß folglich alles das verwerflich und schlecht sey, was auf Gerathewohl, ohne Einsicht und erforderliche Kenntniß der musikalischen Grundsätze von einem Sänger unternommen wird. Ich fand es für dienlich, hier die Materien mehr beysammen zu halten; da sie nicht so, wie die Materien des ersten Theils, Gegenstände einer, von einer Stunde zur andern, fortrückenden Erlernung, sondern einer stetswährenden Betrachtung und Uebung sind. Die Eintheilung in Capitel hat mir daher bequemer geschienen, als die vorige in Lectionen. Ein gewisser guter Freund hat meinen damaligen Vortrag in Lectionen öffentlich einer Unordnung beschuldigt, auch noch sonst dieß und jenes an meinem vorigen Werke getadelt; da er aber, wie er mir selbst gestan-

den

den hat, in der Lage, in welcher er damals schrieb, nicht wohl anders konnte, als tadeln, wo er lieber gelobt hätte, so überhebt er mich der Mühe, mich gegen seinen Tadel zu rechtfertigen. In den Augen der Unpartheiischen war ich vorher schon gerechtfertigt; nun bin ich es auch in den seinigen, und wir sind Freunde, wie vorher.

Daß ich alles, was ich in diesem Theile über den guten und zierlichen Vortrag sage, so deutlich und leicht gemacht haben sollte, als mancher wünschen und verlangen möchte, schmeichle ich mir keines Weges. Die Materien sind öfters so fein, daß sie nur durch das Gefühl begriffen, und nie mit Worten ausgedrückt, auch eben so wenig, oder doch nur sehr unvollkommen in Noten vorgestellt werden können. Indessen ist es doch immer gut eine Idee davon zu haben. Ist diese gleich ein wenig grotesk, so kann sie doch leicht in die gehörige Gestalt gebracht werden, wenn man Gelegenheit hat, einen guten Sänger zu hören; sie dient auch wirklich dazu einen solchen Sänger mit mehrerm Nutzen zu hören.

Einige allgemeine Anmerkungen über den Unterricht im Singen, sowohl für Lehrende als Lernende, mögen den Beschluß dieser Vorrede machen. Man sehe das Studium des Gesanges für keine so gar leichte Sache an. Außer der Erlernung der Grundsätze der Musik, die ein jeder Instrumentist auch wissen muß, hat der Sänger noch sehr

viel

viel Fleiß auf die Bildung seiner Stimme, und sehr viel Aufmerksamkeit auf die reine Aussprache der Sylben und Worte zu wenden. Es kommen ihm hier öfters Schwierigkeiten in den Weg, die nur mit vieler Mühe und Geduld überwunden werden können. Der Lehrer muß es demnach daran eben so wenig fehlen lassen, als der Schüler. Man glaube nicht, daß in einem Jahre, oder gar in einigen Monaten, ein vollkommener Sänger gebildet werden könne, wenn er auch schon etwas von den Anfangsgründen der Musik weiß. Drey Jahre werden, bey der größten Treue des Lehrers, und in der wohl eingerichtetsten Singschule, immer nöthig seyn. Die Erlernung der Anfangsgründe, und ihre Anwendung zum Treffen und zum Tacte, nimmt reichlich ein Jahr hinweg, und selbst das zweyte muß, mit veränderter Methode, noch dazu angewandt werden. In den italiänischen Schulen wird länger als ein Jahr bloß solmisirt, das ist, mit Buchstaben, und den guidonischen Sylben gesungen. Auch die Lehrer in deutschen Schulen, müssen mit diesem Unterrichte nicht zu sehr eilen, da er der Grund ist, worauf alle andere musikalische Kenntnisse gebauet werden müssen. Die Lehre von den Tonleitern und Tonarten, ingleichen die von den Intervallen, müssen in dieser ersten Periode eingeschlossen seyn. In der zweyten wird dieß alles fleißig wiederholt, um es bey dem Schüler mehr zu befestigen, und dabey die Vorbereitung zur reinen Aussprache der Worte vermittelst gewisser Sylben gemacht; wie denn im ersten Theile die-

Vorrede.

ses Werks die sieben Sylben: da, me, ni, po, tu, la, be vorgeschlagen wurden. Wenn dieß alles mit Fleiß und Geduld gehörig betrieben ist, dann kann nun wohl mit Zuverläßigkeit zu ordentlichen Singstücken geschritten, und alles das angebracht werden, was zum guten Vortrage gehört, und den Inhalt des gegenwärtigen Werks ausmacht.

Wenn der Schüler fragt, wieviel und welche Stunden des Tages er zur Uebung im Gesange anwenden soll, so dienet zur Antwort, daß drey Stunden nicht zuviel, und zwey nicht zu wenig sind. Eine Stunde Vormittags, und eine oder zwey Nachmittags, doch nicht sogleich hinter einander, auch wenigstens ein Paar Stunden nach der Mahlzeit, sind dazu auszusetzen, und nur dann zu übergehen, wenn man sich nicht wohl befindet. Aber dann giebt es auch noch eine Art in Gedanken, oder blos mit der Hand auf dem Claviere zu studiren; diese ist dem Sänger eben so nützlich, als wenn er Stundenlang mit lauter Stimme sich übt. Die Erlernung des Claviers ist daher ein nothwendiges Hülfsmittel für den Sänger. Kommt nun noch die Erlernung einer oder der andern Sprache, z. E. der italiänischen hinzu, so sieht leicht ein jeder ein, daß man nicht durch Faullenzen ein guter Sänger werden könne.

Inhalt.

Inhalt.

Erstes Capitel.
Von den Eigenschaften der Stimme, und deren Verbesserung
Seite 1

Zweytes Capitel.
Vom guten Vortrage, in Ansehung des Gebrauchs der Stimme
11

Drittes Capitel.
Vom guten Vortrage, in Ansehung der Verbindung des Textes mit den Noten
25

Viertes Capitel.
Vom guten Vortrage, in Ansehung der Manieren
34

Fünftes Capitel.
Ueber den guten Vortrag, in Ansehung der Passagien
78

Sechstes

Inhalt

Sechstes Capitel.

Vom guten Vortrage, in Ansehung der verschiedenen Gattungen
    von Singstücken, und an verschiedenen Orten   Seite 92

Siebendes Capitel.

Von den Cadenzen   108
   Veränderungen der Tonleiter   113

Achtes Capitel.

Von der willkührlichen Veränderung der Arie   129
   Arie mit willkührlicher Veränderung   135
   Aria con Variazione   141

Anweisung
zum
Singen.

II. Theil.

Anweisung zum Singen.

Erstes Capitel.
Von den Eigenschaften der Stimme, und deren Verbesserung.

§. 1.

Es ist in der Anweisung zum musikalisch-richtigen Gesange, und zwar in der Einleitung derselben, von der menschlichen Stimme, den guten und schlechten Eigenschaften, der Erhaltung und Verbesserung derselben, ausführlich geredet worden; daß mir hier nicht viel mehr zu thun übrig bleibt, als noch einige Bemerkungen über diesen oder jenen Umstand beyzufügen.

§. 2.

Eine schöne Stimme ist ein so herrliches Geschenk des gütigen Schöpfers der Natur, daß es Undank gegen seine Wohlthaten ist, wenn man nicht, auf die beste Art, zu seinem Lobe, und zum Vergnügen anderer Menschen, Gebrauch davon zu machen sucht. Wem die Gelegenheit gefehlt hat, in der Musik und im Gesange gehörig unterrichtet zu werden, der ist zu bedauern, und kann sich für entschuldigt halten; nicht aber der, der aus Leichtsinn, Trägheit oder Verachtung die Gelegenheit nicht nutzen wollte.

I. Cap. Von den Eigenschaften der Stimme,

§. 3.

Nicht weniger Versündigung ist es, wenn man für die Erhaltung der Stimme nicht alle die Sorgfalt anwendet, die eine so schätzbare Gabe Gottes verdient. Am allermeisten handeln die wider ihren eigenen Vortheil, die auf das Studium des Gesanges ihr künftiges Glück in der Welt bauen, wenn sie nicht alles anwenden, wodurch die Stimme gut erhalten wird, und alles vermeiden, wodurch sie verdorben werden kann. Es ist eine durch die Erfahrung bestätigte Wahrheit, daß ein Sänger viel Kunst, Geschicklichkeit und Einsicht haben, und doch, einer schlechten Stimme wegen, sehr wenig gefallen kann; da hingegen ein anderer, mit einer glänzenden Stimme, bey weit mindern Fähigkeiten, bewundert wird. Es ist in der vorher genannten Einleitung über die Erhaltung und das Verderben der Stimme vom 18ten bis 21sten Paragraph das Nöthige gesagt worden.

§. 4.

Eine der vornehmsten Eigenschaften einer guten Stimme ist wohl die *) Reinigkeit der Intonation; welcher der garstige Fehler des Distonirens oder unrein Singens entgegen gesetzt ist. „Es ist , an einem Sänger nichts unleidlicher, sagt Mancini **), als wenn er „distonirt; lieber mag es aus der Kehle, oder durch die Nase singen.„ Er sucht diesen Fehler in einer natürlichen und zufälligen Ursache. Die natürliche, wenn ein junger Mensch kein feines Gehör hat. , Es ist unmöglich,„ sagt er, „daß ein solcher Mensch im Ge- „sange etwas leiste, weil es nicht möglich ist, sein Ohr anders zu bil- „den, so wie man es etwan mit einer Orgelpfeife noch wohl kann, die „man erweitert oder enger macht, bis sie den Ton rein angiebt.„ Außerdem, daß das Gleichniß der Orgelpfeife gar nicht zum menschlichen Ohre

---

*) Man halte die Rückkehr zu gewissen Materien, die schon im ersten Werke abgehandelt sind, nicht gleich vor überflüßig; wenn ich nichts neues zu sagen habe, so wird wenigstens ein Kunstwort mehr bekannt gemacht und erklärt.
**) Pensieri e Riflessioni sopra il canto figurato. Art. V. p. 48.

und deren Verbesserung.

Ohre paßt, weil das Ohr den Ton nicht giebt, sondern nur empfindet, so möchte es auch mit der vorgegebenen Unmöglichkeit nicht ganz seine Richtigkeit haben. Gewiß ist es, daß ein Mensch zum Gesange untüchtig ist, der sich Stunden lang einen Ton vorsingen und vorpfeifen läßt, und immer einen ganz andern, der öfters nicht das geringste harmonische Verhältniß zu dem gegebenen Tone hat, dagegen singt, dabey aber immer doch glaubt, er habe den rechten Ton. Wenn indeß nur etwas der reinen Intonation sich näherndes da ist; wenn nur 3 oder 4 Töne so leidlich rein heraus gebracht werden, so kann durch Mühe und Fleiß schon mit der Zeit noch eine reine Intonation zu Stande gebracht werden.

Aber auch bey sonst reinen Stimmen geschieht es, daß sie zu Zeiten distoniren, und das aus zufälligen Ursachen. Es ist mehrentheils eine kleine körperliche Unordnung oder Schwäche, eine Zerstreuung, Furcht, Trägheit, oder auch allzugroße Anstrengung Schuld daran. Der Fehler fällt von selbst weg, sobald die Ursache weggeschafft ist. Der Lehrer thut unrecht, wenn er in dergleichen Vorfällen, am allermeisten bey körperlicher Schwäche des Schülers, ärgerlich wird; aber auch der Schüler thut Unrecht, wenn er da, wo es in seiner Gewalt steht, sich nicht vor der Begehung des Fehlers hütet, oder die veranlassenden Ursachen zu entfernen sucht.

§. 5.

Noch eine andere Bemerkung habe ich zu machen Gelegenheit gehabt. Es giebt Stimmen, die mir in einer gewissen Gegend distoniren, und sonst überall rein sind. Ein Paar Töne, z. E. g und a in der zweygestrichenen Octave werden immer zu hoch angegeben. Mit dem Singen der Scale gewinnt man hier nichts, weil da der Fehler am meisten zum Vorschein kommt; sondern man muß diese beyden feindseligen Töne zum äußersten Ende einer abwärts schwebenden, oder unter sich resolvirenden Dissonanz machen; der falschen Quinte, z. E. oder der kleinen Septime. Die dazwischen liegenden Terzen nehme man nicht

6 I. Cap. Von den Eigenschaften der Stimme,

nicht allein mit, sondern man erkläre auch das Verhältniß, das sie gegen einander haben, und wie immer eine kleiner ist als die andere: cis, e, g; dis, fis, a; oder als Septime: a, cis, e, g; b, dis, fis, a. A—cis, h—dis sind große Terzen, im Verhalt, wie 4 : 5; cis—e, dis—fis sind kleine Terzen, wie 5 : 6; e—g und fis—a, ebenfalls kleine Terzen, sind in andern Verbindungen den vorigen allerdings gleich; in dieser aber haben sie kein größer Verhältniß, als 27 : 32, und sind folglich um das syntonische Comma 80 : 81 kleiner, als die Terzen cis, e und dis, fis. Man lasse nun diese Terzen den Schüler fleißig singen, und die beyden widerspenstigen Töne bald als falsche Quinte zu cis und dis, bald als Septime zu a und h angeben; man nehme sie auch noch mit andern Tönen der beyden Tonleitern a und h zusammen, so werden sie sich endlich bequemen rein zu werden.

§. 6.

Wegen der zufälligen Erhöhungs- und Erniedrigungszeichen a und b, merke ein Sänger, daß die ersten immer ein wenig überschwebend, die andern etwas abschwebend genommen werden müssen, wenn sie recht fühlbar werden sollen, welches ihre Absicht ist. Sie sind mehrentheils das Merkmal der Ausweichung in eine andere Tonart, und müssen daher das, was geschieht, deutlich und nachdrücklich zu erkennen geben. Eben das gilt auch von dem Wiederherstellungszeichen ♮; nur muß man, da dasselbe von doppelter Bedeutung ist, sich in der Bedeutung desselben nicht irren. Es erhöhet, wenn es nach einem b vorkommt, und erniedrigt, wenn es nach einem ♯ erscheint. Im ersten Falle ist die Stufe abwärts ein ganzer, und aufwärts ein halber Ton; im andern aber umgekehrt, wenn nicht andere Erhöhungs- oder Erniedrigungszeichen dazwischen kommen.

§. 7.

Eben dieser Fehler des Distonirens kann sich da ereignen, wo die—beyden Register der Brust- und Kopf- oder Falsetstimme mit einander wech-

wechseln. Man muß auf vorbeschriebene Art damit verfahren, wenn man diesen Fehler verbessern will. Ueber die Gränze dieser beyden Register läßt sich nichts gewisses bestimmen. Mancini meynt, daß sie bey Sopranstimmen zwischen c̄ und d̄ sey. „Man lasse, sagt er, einen So„praniſten die vier Töne der Scale ḡ ā h̄ c̄ singen, so wird man „finden, daß er sie hell und stark, ohne Mühe hervorbringt, weil sie „aus der Brust kommen. Wenn er hernach d̄ wird singen wollen, „so wird ihm dieses, wenn nicht die Brust stark, oder sonst ein Fehler „in der Kehle ist, schon Mühe machen. Hier ist es nun, wo die „Stimme wechselt." Was man wegen der Vereinigung beyder Register zu thun habe, ist im §. 15. der Einleitung des ersten Theils schon gesagt worden. Da die obersten Töne der Bruststimme immer etwas schreyender seyn werden, als die anzufügenden Töne des Falsets, so kommt es darauf an, jene milder, und diese stärker zu machen, welches durch Fleiß und Uebung noch wohl zu erhalten ist.

§. 8.

Vermittelst der Vereinigung beyder Register läßt sich die Stimme zu einem beträchtlichen Umfange ausdehnen. Bey Frauenzimmern sind die Gränzen beyder Register meistentheils anders, als sie Mancini bestimmt. Der größte Theil ihrer Stimme ist entweder Brust- oder Kopfstimme; mit der erstern läßt sich mehr in der Tiefe, und mit der andern mehr in der Höhe ausrichten. Daher ist es nichts ungewöhnliches Frauenzimmerstimmen zu finden, die bis ins dreygestrichene f oder g reichen. Daß dieß aber ein so beneidenswürdiger Vorzug sey, der die Nacheiferung aller andern verdiene, möchte ich nicht gesagt haben, zumal wenn diese Sängerinnen aus Unwissenheit oder Nachläßigkeit versäumt haben, ihre tiefen Töne durch die Bruststimme zu verstärken und zu vermehren. Man kann junge Schüler und Schülerinnen des Gesanges, zumal wenn sie viel Bruststimme haben, nicht genug vor der gefährlichen Seuche, die äußerste Höhe erzwingen zu wollen,

8 I. Cap. Von den Eigenschaften der Stimme,

wollen, warnen, weil sie sich leicht den Verlust der Stimme, nebst Schaden an ihrem Leibe und an ihrer Gesundheit dadurch zuziehen können. Ein guter Ton in der Tiefe mehr, ist schätzbarer, als zween Töne in der Höhe, die wie ein Vogelpfeifchen klingen. Man kehre sich nicht daran, daß jene Hochsingende bewundert werden. Bewunderung zu erregen, ist kein so edler Endzweck, als Rühren und Gefallen. Ich habe einen Virtuosen bewundern sehen, der sich mit Concerten auf dem Kamme, und auf einer Violin ohne Sapten hören ließ. Es ist sogar dem Sänger, der sehr in der Höhe liegende Passagien in einer Arie vorzutragen hat, zu rathen, daß er diese, wenn er sie zur Uebung für sich singe, lieber um eine Quart oder Quinte herab versetze, um die Stimme nicht zu sehr in der Höhe anzugreifen und zu ermüden.

§. 9.

Ueberhaupt kann Lehrenden und Lernenden die Regel nicht genung empfohlen werden, daß man in Erlernung des Gesanges der Natur nichts abzwingen, sondern alles nur nach und nach, durch überlegten und anhaltenden Fleiß, von ihr erhalten müsse. Man kann dadurch, wie im vorhergehenden gesagt ist, eine unreine Intonation rein machen. Man kann den Umfang der Stimme erweitern: aber nicht auf einmal, und in einem Tage, sondern nach und nach. Man singe anfänglich nur immer in dem kleinen Umfange der Stimme, in welchem man die Töne mit Leichtigkeit, hell und rein heraus bringen kann, und wenn es auch nur 8 oder 10 Töne seyn sollten; man setze von Woche zu Woche, oder lieber von Monat zu Monat einen Ton in der Höhe und Tiefe hinzu, und sey versichert, daß man in einem halben Jahre einen Umfang von 18 bis 20 Tönen in seiner Gewalt haben werde; und das ist beynahe mehr, als man bedarf. Daß zu dieser Uebung das Singen der Scale mit einem hellen Selbstlauter a, e oder o das beste Mittel sey, wird man leicht einsehen. Man fange, z. E. mit der Scale von f bis f an; nehme den andern Monat ē und ḡ dazu;

den

den dritten d und a, u. f. w. so wird man im sechsten Monate mit a und d fertig seyn; und nun kann man überlegen, ob man es im siebenden noch mit g und e verſuchen will. Man verliehrt nichts, wenn man es unterläßt, oder wenn es nicht gelingt.

Auch eine schwache Stimme kann durch eine verständige Uebung nach und nach stärker gemacht werden. Nicht mit geschwinden Läufen und Paſſagien, sondern mit angehaltenen Tönen muß diese Uebung unternommen werden. Sie läßt sich sehr gut mit der vorigen vereinigen, wenn man, wie ich hier noch erinnern muß, die Scalen nicht geschwind durchläuft, sondern in langsamen Noten, in halben und ganzen Tactnoten durchsingt. Nebenher können Choralmelodien auch zu dieser Absicht mit Nutzen gebraucht werden.

Mancini hält es sogar für möglich, schlechte Stimmen durch Fleiß und Uebung zu guten zu machen, und führet zum Beweise das Beyspiel, des hernach großen und berühmten Sängers Bernacchi an, wie man sich dessen aus der Vorrede dieses Werks erinnern wird. Da aber eine Stimme auf mancherley Weise schlecht seyn kann, und Mancini nicht bestimmt sagt, worinne das Schlechte der Stimme dieses Sängers eigentlich bestanden habe, oder wie das Studium beschaffen gewesen, durch welches er sie verbesserte, so kann ich auch weiter darüber nichts sagen. Der siebende Artikel seines Buchs enthält zwar verschiedenes hieher gehöriges; es ist aber nichts anders, als was ich so eben selbst gesagt habe.

Kurz, alle Naturfehler, die der guten Stimme hinderlich sind, können durch Fleiß, Uebung und Geduld verbessert werden; den allein ausgenommen, wenn es, nach der in §. 4. gegebenen Beschreibung, gänzlich am musikalischen Gehöre fehlt.

10 I. Cap. Von den Eigensch. der Stimme, und deren Verb.

§. 10.

Neben den Fehlern der Stimme stoßen auch bisweilen Fehler der Aussprache auf. An einigen ist eine Unregelmäßigkeit der Sprachwerkzeuge Schuld: die Zunge ist bisweilen zu lang oder zu dick, und stößt an; die Nase ist entweder zu offen oder zu verstopft, und es wird durch die Nase geredet; man kann r, l oder s nicht rein und rund heraus bringen, und was der Erscheinungen noch mehr sind. Eine Verbesserung dieser Fehler ist schwer, doch halte ich sie nicht für unmöglich. Es ist Schade, wenn sie sich bey einer guten Stimme finden; sie sind höchst unangenehm, und, wenn sie sich nicht verbessern lassen, der Stimme so nachtheilig, daß gar nichts auf sie zu rechnen ist. Sehr oft aber sind es nur Fehler der Nachläßigkeit und der Gewohnheit, die freylich in den Kinderstuben nicht entstanden, oder wenigstens in den Lehrschulen sollten seyn verbessert worden. Da dieß nun aber einmal nicht ist, so muß ein Singmeister sich allerdings darauf gefaßt machen, daß er seine Schüler nicht blos im Singen, sondern auch im Sprechen zu unterrichten habe. Zur Verbesserung der oben beschriebenen Fehler rüste er sich mit Geduld, und lasse sich es nicht befremden, wenn er seinen Endzweck am Ende doch nicht ganz erreicht sieht. Naturam expellas furca, tamen usque recurrit.

Mit einigen andern Fehlern der schlimmen Gewohnheit oder Nachläßigkeit in der Aussprache hat es weniger zu bedeuten. Die Vocalen und Doppelvocalen rein zu bekommen, den Unterschied der harten und weichen Consonanten fühlbar zu machen, ist die schwerste Aufgabe nicht. Es ist im ersten Theile dieser Anweisung genug darüber gesagt, und auch dafür gesorgt worden, diese Absicht zu erreichen. Die Graunischen Sylben: Da me ni po ru la be sind immer mit großem Nutzen dazu zu gebrauchen.

———————

Zweytes

Zweytes Capitel.
Vom guten Vortrage, in Ansehung des Gebrauchs der Stimme.

§. 1.

Der Sänger, der eine gute, von Fehlern gereinigte Stimme hat, der im Treffen der Intervalle sicher und im Tacte fest ist, muß auch einen guten Gebrauch davon zu machen, d. i. gut vorzutragen wissen. Den guten Gebrauch der Stimme bezeichnen die Italiäner mit dem Kunstworte: Portamento di voce, oder schlecht weg Portamento. Sie verstehen darunter nichts anderes, als das Aneinanderhängen der Töne *), sowohl in der Fortschreitung, die Stufenweise, als die durch Sprünge geschieht. Im Deutschen hat man es wörtlich, durch Tragen der Stimme übersetzt; und man kann diese Uebersetzung auch gelten lassen, wenn man nur weiß, was eigentlich darunter zu verstehen ist.

§. 2.

Das Wesentliche des so genannten Portamento oder Tragens der Stimme besteht darinne, daß man in der Fortschreitung von einem Tone zum andern keine Lücke oder Absatz, auch kein unangenehmes Schleifen oder Ziehen durch kleinere Intervalle gewahr wird. Im ersten Falle sagt man: der Sänger stößt; im andern: er heult. Es liegt auch wirklich die Schuld daran, daß, im ersten Falle, die Töne zu stark gefaßt, und heraus gestoßen werden, da denn die Brust nicht Kraft genug hat, sie mit gleicher Stärke nachzuhalten; im andern aber, Zwischentöne zum Gehör kommen, die gar kein harmonisches Verhältniß weder zu dem einen noch zu dem andern Tone haben. Im

B 2 An-

---

*) Per questo portamento non s'intende altro, che un passare, legando la voce, da una nota all'altra con perfetta proporzione ed unione, tanto nel salire, che nel discendere. *Mancini* l. c. art. VIII.

12   II. Cap. Vom guten Vortrage,

Anfange muß die Uebung nur mit zween langsamen Tönen, hernach mit dreyen, dann mit vieren geschehen; wobey besonders darauf zu sehen ist, daß dem vorhergehenden Tone, an der Zeit, die er dauern soll, nichts abgebrochen, sondern derselbe aufs richtigste, immer mit einer kleinen Verstärkung, ausgehalten werde. Die Italiäner nennen es consumar la nota, die Note zu Ende bringen. Der folgende Ton muß sodann so leicht und sicher darauf folgen, daß man weder Absatz, noch Aspiration, noch falsche Zwischentöne gewahr wird, und dieß nicht allein mit einer Sylbe oder einem Vocal, sondern auch mit mehrern; nicht allein in der Stufenweisen Fortschreitung, sondern auch in Sprüngen auf- und abwärts. Z. E.

Der

in Ansehung des Gebrauchs der Stimme. 13

Der gute Vortrag der Vorschläge gründet sich lediglich auf diese geschickte Verbindung zweyer Noten. Daß vorstehende Exempel in vier Vierteln zu zählen sind, giebt das vorgesetzte Tactzeichen zu erkennen. Die Bewegung muß etwas langsam seyn.

§. 3.

Diesem Aneinanderhängen der Töne, ist eine andere Art, die man Piquiren oder Abstoßen nennt, entgegen gesetzt. Dieses zu erlernen bedarf eben keiner großen Mühe; jedweder Anfänger besitzt dieß Kunststück von Natur, und wird insgemein, ehe er die Töne verbinden lernt, alle kurz abfertigen. In wiefern man im guten Vortrage der Passagien davon Gebrauch macht, ist es aller Aufmerksamkeit werth, und erfordert, nebst einer guten Brust, viel Uebung; in langsamer Bewegung aber macht es eine gar armselige Figur, wenn es nicht mit einer zweyten Stimme vergesellschaftet ist, oder durch eine schickliche Begleitung der Instrumente unterstützt wird. Es ist daher einem Sänger nicht zu rathen, daß er da, wo ihm diese Unterstützung fehlt, z. E. in Cadenzen, sich dessen bediene. Wer würde wohl eine Cadenz von der Art

ohne Lachen anhören können? Wenn bisweilen in Arien solche Stellen vorkommen, so mögen sie wohl hingehen, weil sie der Componist entweder der Mannichfaltigkeit, oder des Contrasts wegen, gegen andere Passagien, gewählt hat; er wird sie aber gewiß auch nie zu lange dauern, oder ohne eine hinlängliche Unterstützung der Instrumente lassen. Die hochsingenden Virtuosen bedienen sich des Abstoßens um die Töne zu erreichen, die sie mit getragener Stimme, oder mit einem geschwinden Laufe nicht erreichen können. Sie singen z. E.

14　II. Cap. Vom guten Vortrage,

und thäten besser, wenn sie sängen:

oder es bleiben ließen.

§. 4.

Es schadet dem guten Vortrage auch gar sehr, wenn der Sänger nicht weiß oder nicht fühlt, wo er bequem Athem holen kann. Es ist über diesen Umstand schon manches im ersten Theile dieses Werks hin und wieder erinnert worden. Da es dort aber bey veranlassender Gelegenheit *), und folglich sehr zerstreut, erwähnt worden ist, so schadet es nicht, wenn hier das Nöthige, kürzer zusammengefaßt, wiederholt wird. Diese Lehre ist für den Sänger von der äußersten Wichtigkeit: er singt entweder ohne Verstand, wenn er zu unrechter Zeit und an unschicklichen Orten Athem nimmt, oder er übertreibt sich, wenn er zu viel mit einem Athemzuge thun will, und schadet dadurch der Lunge und der Gesundheit.

§. 5.

Zwey Kunststücke muß sich der Sänger so zu eigen machen, daß sie ihm zur Natur werden; er muß 1) in einem unmerklichen Augenblicke die Lunge voll Athem nehmen, und 2) ihn sparsam, und doch mit der ganzen Kraft der Stimme wieder heraus lassen können. Wie elend ein Gesang sey, wenn der Sänger immer drey bis vier Noten ausläßt, um mit Bequemlichkeit, und wie er gewohnt ist, Athem zu schöpfen, läßt sich leicht begreifen. Wer nicht die Scale in mäßig-

geschwin-

*) Man sehe darüber die vierte Lection §. 12. u. f. nach.

in Ansehung des Gebrauchs der Stimme.

geschwinder Bewegung

so singen kann: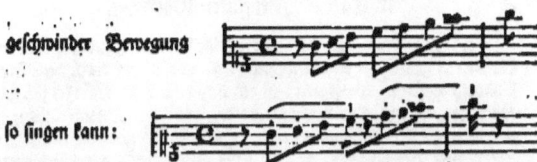

daß er jede vierte Note kurz absetzt, und zugleich Athem nimmt, ohne die Tactbewegung zu verrücken, der muß es lernen, oder er gebe sich lieber mit Singen nicht ab. Das sparsame Herauslassen des Athems fodert gleichfalls eine eigene Uebung, die man am besten mit dem langen Aushalten auf einem Tone, und zugleich Verstärken desselben, oder auch mit einer verlängerten Reihe von Tönen, anstellen kann.

§. 6.

Im Vortrage eines Stückes nun, das man nicht in einem Athem heraus bringen kann, ist es erlaubt, frischen zu nehmen:
  1. Wo in den Noten eine Pause steht, sie sey lang oder kurz.
  2. Wo die Worte eine kleine Ruhe verstatten, wenn z. E. ein Interpunctionszeichen steht, oder in der Poesie eine Reimzeile sich endige. Nur muß es keine solche seyn:
  Und | nahe sich | der ihr: | warlich, | so
  Gehe | stracks ihr | Herz verlohren.
Dagegen finden sich hier mitten in der Zeile, nach Maaßgabe der Interpunction, Absätze. Ja der Sänger kann sogar mit jedem metrischen Fuße einen Einschnitt machen, wenn derselbe nicht ein Wort mitten von einander reißt, oder ein paar Wörter, die nicht getrennt werden dürfen, als: einen Artikel, ein Pronomen, ein Adjectivum, die mit einem Substantivo in Verbindung stehen, trennt. Wenn man aus diesem Gesichtspuncte die beyden angeführten Zeilen betrachtet, so könnte der Sänger, im Falle der Noth, alle metrischen Einschnitte der ersten Zeile nutzen; von der letzten aber nur den ersten.

16 II. Cap. Vom guten Vortrage,

3. In Stellen, wo die Worte keine Anleitung zum Absetzen und Respiriren geben, in Sylbendehnungen, und öfters durch viele Tacte hindurch laufenden Passagien, ist es nöthig, daß der Sänger sich sorgfältig nach den Stellen umsehe, wo er, ohne den Zusammenhang zu zerreißen, zu Athem kommen kann. Es giebt Sänger, die eine so gute Lunge und Brust haben, daß sie sechs und mehr Tacte Sechzehntelnoten, im großen Allegro, auf sich nehmen. Wer ihnen nun nachsingen will, und die Kraft ihrer Lunge nicht hat, der muß sich zu helfen wissen, ohne der Sache zu schaden. Ueber diese Nothhülfe will ich mich weiter unten ausführlicher erklären; vorjetzo aber die Gelegenheiten zum Respiriren weiter verfolgen.

4. Jede vor einer syncopirten Note vorhergehende Note, kann abgesetzt werden, wenn es nicht ihre Kürze oder die Geschwindigkeit des Zeitmaaßes hindert. Z. E.

5. Sogar punctirte oder dreytheilige Noten vertragen diesen Absatz, nur muß nicht der ganze dritte Theil davon verlohren, sondern nur die Hälfte desselben zum Athemholen angewandt werden.

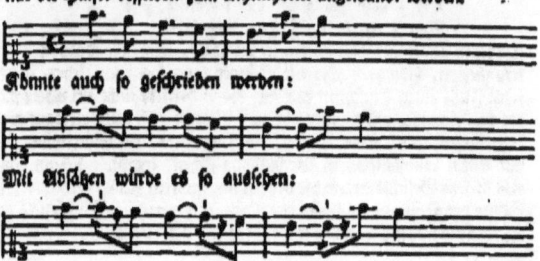

Könnte auch so geschrieben werden:

Mit Absätzen würde es so aussehen:

Dieß

in Ansehung des Gebrauchs der Stimme.

Dieß noch fühlbarer zu machen, gebe man der punctirten Note im ersten Exempel einen Vorschlag, oder verwandele die erste gebundene Note des zweyten Exempels in einen Vorhalt:

so siehet man wohl, daß sich kein Sänger daran aus dem Athem singen wird. Desto unverzeihlicher aber wäre der Fehler, wenn er in diesem Falle so singen wollte:

Hier giebt sich nun die Regel, daß zwischen einem Vorschlage und der Note, ingleichen zwischen zweyen, durch einen Bogen zusammen gebundenen Noten nicht Athem genommen werden könne, von selbst.

6. Mit gehöriger Einschränkung kann, endlich auch wohl, die von einigen Musiklehrern gegebene Regel statt finden, daß jede erste Note, im Anfange oder in der Mitte des Tacts, einen Absatz erlaube. Wenigstens kann man Anfängern, die immer vor dem Tactstriche auf der letzten Note des vorhergegangenen Tactes den Absatz machen, diesen Fehler damit abgewöhnen. In welchem Falle allein dieses erlaubt sey, wollen wir bald sehen.

§. 7.

Ich will nun noch von den Nothhülfen reden, deren sich ein Sänger bedienen kann, um zu Athem zu kommen. Sie bestehen:

1. Im Zertheilen einer längern Note in zween gleiche Theile, von denen man den ersten nur kurz und zur Hälfte anschlägt, um die andere Hälfte zum Athemholen anwenden zu können. Den zweyten Theil

18 · II. Cap. Vom guten Vortrage,

Theil der Note nimmt man nach seinem vollen Werthe, und in der Verbindung, die diese Note mit dem darauf folgenden hat. Z. E. mit

verfahre man folgender Gestalt:

In andern Tactarten kann man auf eben diese Art ein Viertel in zwey Achtel zergliedern, und vom ersten ein Sechzehntel zum Respiriren anwenden. Eine andere Art der Nothhülfe bestehet:

2. Im Verändern einer oder der andern Figur, oder im Auslassen gewisser entbehrlicher kleiner Noten. Ein Beyspiel wird die Sache deutlich machen.

Diese Stelle wird nicht leicht ein Sänger, wie sie hier steht, in einem Athem herausbringen; er muß sich demnach dieselbe durch Verändern und Auslassen folgender Gestalt erleichtern:

in Ansehung des Gebrauchs der Stimme. 19

oder auch so:

Daß das Absetzen und Athemnehmen so oft geschehen müsse, als hier in beyden Exempeln gezeiget wird, will man damit nicht gesagt haben; die allzuhäufigen Absätze würden am Ende doch beleidigen, zumal wenn sie alle auf einerley Stelle treffen, welches der Fall im ersten Exempel ist; das zweyte hat darinne einen Vorzug, und wenn der

C 2 Sänger

20   II. Cap. Vom guten Vortrage,

Sänger den Absatz im vierten Tacte übergehen kann, so ist nichts daran auszusetzen, und die Stelle kann so gesungen werden.

3. Ist das Absetzen unmittelbar vor dem Tactstriche, das oben als ein Fehler getadelt ward, unter gewissen Umständen, als eine Nothhülfe erlaubt, wenn eine lange a) Haltung, oder b) Passagie eintritt, welche einen längern Athem fodert. In diesem Falle darf sich der Sänger auch kein Gewissen machen, wenn der Absatz mitten ins Wort, oder zwischen zwey Noten c) fällt, die aus harmonischen Gründen sonst nicht getrennt werden dürfen. Ja der Sänger kann nach einer Haltung, wenn sie auch nur einen oder zween Tacte lang gedauert hätte, noch einmal absetzen, wo der Componist eine d) Fermate, die der Sänger willkührlich verzieren soll, angehängt hat; auch eine solche Fermate e) allein, die ohne vorhergegangene Haltung eintritt, fodert einen frischen Athem. Man sehe darüber folgende Beyspiele nach.

in Ansehung des Gebrauchs der Stimme.

Beym letzten Exempel ist es besser, und der guten Declamation gemäßer, wenn nicht auf der letzten Note, sondern auf der vorletzten der Absatz gemacht, und Athem genommen wird.

§. 7.

Wenn man das, was bisher über das Respiriren gesagt worden, erwägt, so wird man einsehen, was die Anmerkung, §. 5. der Sänger müsse in einem unmerklichen Augenblicke frischen Athem schöpfen

II. Cap. Vom guten Vortrage.

pfen können, auf sich habe, und wie viel Zeit ihm dazu gelassen werde. Kein ganzer Tacttheil, d. i. kein halber Tact im Allabreve, kein ganzes Viertel, im Vier- oder Dreyviertel-Tacte, kein ganzes Achtel im Zweyviertel- oder Dreyachtel-Tacte darf darüber verlohren gehen. Nur die Hälfte einer solchen Note, ein sogenanntes Tactglied, ist ihm dazu vergönnt, und öfters muß er, wie wir gesehen haben, gar mit einem halben Tactgliede vorlieb nehmen. Die dreygliedrigen *) Tactarten richten sich darinne nach den zwey- oder dreytheiligen Tactarten, zu denen sie gehören. Sie verdienten eine eigene Betrachtung, wenn ich nicht zu weitläuftig zu werden fürchtete, und nicht auch dem Lehrer oder dem Schüler etwas für sich zu untersuchen lassen wollte.

§. 8.

Aus dem, was oben über das Tragen der Stimme gesagt worden, ergiebt sich, daß ein Ton, der von einiger Dauer ist, immer am Ende etwas stärker gehört werden müsse, als im Anfange. Daß dieser Unterschied so groß seyn solle, als er zwischen piano und forte zu seyn pflegt, ist damit nicht gesagt; es giebt, zwischen beyden, so viele Mittelgrade, daß wir bey weiten nicht Namen genug haben, sie anzudeuten. Diese alle muß ein guter Sänger in seiner Gewalt haben, und mit ihnen bringt er nicht allein das gute Portamento di voce, sondern auch noch eine andere Schönheit, ein allmähliges Verstärken und Schwächen des Tons, das sogenannte messa di voce hervor. Dieses kann vom pianissimo bis zum fortissimo getrieben, und so auch wieder bis auf jenes zurück gebracht werden. Man sehe die Beschreibung davon in der vierten Lection des ersten Theils, §. 14. und ein Exempel zur Uebung in der zwölften Lection §. 9.

§. 9.

Es giebt aber außerdem noch ein anderes Verstärken und Schwächen des Tons, das der Sänger, der gut vortragen will, nicht aus
der

---

*) Wenn diese Benennungen unbekannt sind, der sehe den ersten Theil der Anweisung zum Singen in der sechsten Lection §. 13 und 14 nach.

in Ansehung des Gebrauchs der Stimme.

der Acht lassen muß. Von allen schönen Künsten fodert der Geschmack Mannichfaltigkeit, und von keiner mehr, als von der Musik. Diese Foderung erstreckt sich auch auf die verschiedenen Grade der Stärke und Schwäche, deren die Stimme fähig ist. Nicht das messa di voce, denn dazu ist nicht immer Gelegenheit, nicht der einzelne Ton, der verstärkt werden kann und muß, sind es, die dieser Foderung völlige Genüge leisten. Sie sind schön für sich, und der Grund zu andern Schönheiten. Diese aber, in sofern sie in Schattierungen der Stimme bestehen, haben ihre eigenen Grundsätze, die keine Logik so leicht in Regeln verfassen wird. Und warum? Weil alles, was in der Musik, besonders im Gesange, schön ist, Beziehung auf Leidenschaft haben muß. Alles, was man darüber sagen wollte, würde Geschwätz seyn; und der Sänger, der Empfindung hat, der hier eine Reihe Noten mit Kraft heraus hebt, eine andere Reihe dagegen sinken läßt, oder, so zu sagen, ins Dunkle stellt; der hier einen chromatischen Ton, einen entfernten Sprung mit Kühnheit wagt, und gleichsam heraus schleudert, einen andern dagegen mit Gemächlichkeit, und nur leicht berührt; ein solcher Sänger, sage ich, ist durch Natur und Empfindung, besser unterrichtet, als er es durch große Folianten, die man darüber schriebe, je werden würde. Glaubt nicht, Ihr jungen Künstler, daß Ihr alles, was Ihr zu lernen habt, um in Eurer Kunst groß und vortrefflich zu seyn, aus Büchern lernen wollet. Ueber andere Wissenschaften sind Bücher in allen Formaten, bis zum Ueberflusse geschrieben: In der Musik aber, stoßen wir auf Tiefen, deren Grund man nicht erreichen kann. Ihre Wirkungen zu erklären, die Mittel, wodurch sie rührt und gefällt, genau zu beschreiben, und durch Regeln zu bestimmen, dazu haben wir das Alphabeth noch nicht vollständig.

§. 10.

Alles, was sich von den verschiedenen Graden der Stärke und Schwäche, zum Nutzen angehender Sänger sagen läßt, ist ohngefähr folgendes: Man befleiße sich bey Zeiten, deren so viele kennen zu lernen,

24 II. Cap. Vom guten Vortrage, in Ansehung ꝛc.

nen, und durch Uebung in seine Gewalt zu bekommen, als möglich ist. Zu dem Ende singe man einerley Stück in mancherley Haltung fleißig durch. Wegen der Vermischung verschiedener Grade des Starken und Schwachen, des Hellen und Dunkeln im Vortrage eines Stücks, ziehe man seine Empfindung zu Rathe, und hüte sich, daß das Gemälde nicht hart ausfalle, und die Farben zu schreyend darinne seyn. Die äußerste Stärke und äußerste Schwäche werden selten gut beysammen stehen; man bediene sich also der Mittelgrade, deren Gränzen näher bey einander liegen. Stark, weniger stark, mittelmäßig stark, wenig stark, schwach, sind Gradationen, die jeder gute Instrumentspieler kennt, und zu unterscheiden weiß; diese sollte der Sänger nicht kennen, nicht zu brauchen wissen? Und doch sind das noch die Grade nicht alle: das fortissimo macht an dem einen Ende die Gränze, so wie das pianissimo an dem andern. Auch davon wird ein Sänger zu Zeiten Gebrauch machen müssen. Ein heftiger Ausruf des Schmerzens oder der Wuth, wird das erste fodern; so wie äußerste Betrübniß oder Muthlosigkeit das zweyte. Daß kein ganzes Stück in diesen Graden könne vorgetragen werden, versteht sich von selbst, weil beyde eine gewisse Anstrengung fodern, und den Sänger ermüden; auch dem guten Vortrage in sofern nachtheilig seyn würden, als darüber oder darunter keine Verstärkung oder Schwächung mehr Statt fände. Es kommt in diesem Stücke alles auf das Gefühl des Sängers an; und das, was ich darüber gesagt habe, soll weiter zu nichts dienen, als den angehenden Sänger darauf aufmerksam zu machen, und in den Stand zu setzen, allerhand nützliche Bemerkungen zu machen, wenn er Gelegenheit hat einen guten Sänger zu hören. Man hat schon viel gethan, wenn man über gewisse Feinheiten der Kunste, die sich nicht alle in Regeln fassen lassen, einen Schüler aufmerksam gemacht, und in den Stand gesetzt hat, gute Muster aus dem rechten Gesichtspuncte zu fassen, und richtig zu beurtheilen.

Drittes

Drittes Capitel.
Vom guten Vortrage, in Ansehung der Verbindung des Textes mit den Noten.

§. 1.

Der Text wird von vielen Sängern so gleichgültig und nachläßig behandelt, daß es wohl der Mühe werth ist, ein eigenes Capitel darüber zu schreiben. Gut gesprochen, ist halb gesungen, das ist ein Spruch, der in allen Singschulen, an allen vier Wänden geschrieben stehen sollte, damit ihn Lehrende und Lernende fleißig vor Augen hätten. Der Artikel des Sprechens ist sehr reichhaltig, ich will ihn aber so kurz fassen, als mir möglich ist. Man erlaube mir erst einige Anmerkungen über das Sprechen überhaupt zu machen, ehe ich von der Verbindung der Sprache mit dem Gesange rede.

§. 2.

Ich setze voraus, daß einem Sänger in der reinen, und für die Musik vortheilhaften Aussprache der Vocalen, Doppellaute und Consonanten, worüber das Nöthige in der Einleitung des ersten Theils gesagt worden ist, nichts mehr fehlt, daß er auch ein oder den andern Zungenfehler, wenn sich dergleichen bey ihm fand, entweder ganz oder zum Theil überwunden hat, so bleibt ihm doch noch etwas übrig, das nicht so leicht ist, als es manchem scheinen möchte. Es ist dieß die Kunst, mit Verstande und mit Nachdruck zu lesen, oder, mit einem Worte, die Kunst zu declamiren.

§. 3.

Gewiß ist es, daß ein Sänger, der seinen Text nicht mit Verstande zu lesen weiß, ihn auch nicht mit Verstande singen wird. Es ist daher sehr zu rathen, daß man einen Text vorher durchließt, ehe man ihn singt,

singt, und zwar so durchließt, daß man alles bemerkt, was ein guter Declamator bemerken würde, wenn er ihn laut hersagte.] Der Sänger kann nicht ungestraft in diesem Stücke unwissend oder nachläßig seyn. Es können nicht alle Feinheiten des Ausdrucks, den der Affect fodert, mit musikalischen Zeichen vorgestellt werden; die Kunst der Declamation muß diesen Mangel ersetzen.

§. 4.

Das leichteste ist wohl die Beobachtung der Interpunction, weil ohne dieselbe eine Rede nicht einmal richtigen Sinn und Verstand, geschweige denn Kraft und Nachdruck haben würde. Man empfindet leicht, daß mit einem Comma oder Semicolon noch keine Proposition der Rede zu Ende sey, sondern noch etwas darauf folgen müsse, um das zu Stande zu bringen, was man eine Periode nennt, und meistentheils mit einem Puncte bezeichnet wird. Die Stimme des Redners pflegt bey der Annäherung eines Punctes zu sinken, und in der Musik pflegt ein Schlußfall die Gegenwart eines Punctes anzudeuten. Das Fragezeichen erhebt die Stimme des Redners; so auch in der Musik die Stimme des Sängers. Das Ausrufungszeichen fodert gleichfalls einen erhöhten und zugleich verstärkten Ton sowohl beym Redner, als beym Sänger.

§. 5.

Eben so wenig Schwierigkeit machen, wenn man die Sprache kennt und versteht, die langen und kurzen Sylben, welche allerdings vom Redner und Sänger beobachtet werden müssen. So sehr sie in der Natur einer jeden Sprache liegen, so sind sie doch öfters sehr willkührlich darinne vertheilt. Die Prosodie hat daher ein gut Stück Arbeit, die alle diese Ungleichheiten in Regeln und in ein gewisses Ebenmaaß bringen soll. Es ist öfters, besonders in der lateinischen Sprache, der Fall, daß die Quantitäten der Sylben, wie sie die Prosodie lehret, von denen in der gemeinen Rede abweichen. Hier
läßt

der Verbindung des Textes mit den Noten. 27

läßt es der Sänger auf den Componisten ankommen, auf welche Seite er sich hat schlagen wollen; und nur, wenn dieser aus Unwissenheit oder Nachläßigkeit einen Fehler begeht, der Anstoß geben kann, sucht er ihn zu verbessern, so gut es möglich ist. Wenn z. E. im Te Deum laudamus ein Componist in den Worten: Sanctum quoque Paracletum Spiritum, die zweyte Sylbe von Paracletum lang, und die dritte kurz macht, so ist es nöthig, daß ein Sänger, statt der zweyten die dritte Sylbe verlängert, damit man es nicht mit paraclytum verwechsele, welches von sehr übler Bedeutung ist.

§. 6.

Aus der Zusammenfügung langer und kurzer Sylben entstehen die sogenannten metrischen oder Sylben=Füße, so wie aus einer gewissen Anzahl und Verbindung solcher Füße das Metrum, oder die, im Deutschen, sogenannte Reimzeile. Da heut zu Tage mehr in Versen als in Prosa gesungen wird, so ist eine Bekanntschaft mit den Sylben=Füßen einem Sänger allerdings nöthig. Wer sie mit ihren gelehrten Namen, und ihrer Gestalt nach, alle zu kennen Lust hat, findet in verschiedenen Büchern, unter andern, in Matthesons vollkommnem Capellmeister, im sechsten Capitel des zweyten Theils, ingleichen im dritten Capitel der Anweisung zur Singcomposition von Herrn Marpurg, Nachricht davon. Daß sie sich aber alle in die drey, den Jambischen, Trochäischen und Dactylischen auflösen lassen, in unserer heutigen Rhytmik auch keine andern, als diese drey Statt finden, ist im ersten Theile dieser Anweisung schon gesagt; und noch ist der Jambus nichts anderes, als ein umgekehrter Trochäus, oder musikalisch davon zu reden, ein Rhytmus, der im Aufschlage anfängt.

§. 7.

Eine eigene Betrachtung, in Absicht auf die Declamation, und auf den Gesang, fodern die Accente. Rousseau im Dictionnaire de Musique unterscheidet drey Arten des Accents, welche mit denen

D 2 in

28 III. Cap. Vom guten Vortrage, in Ansehung

in Sulzers Theorie der schönen Künste einerley sind. Der Accent ist, nach des letztern Erklärung, die Modification der Stimme, wodurch in der Rede, oder im Gesange, einige Töne sich vor andern auszeichnen, und wodurch überhaupt Abwechselung und Mannichfaltigkeit in die Stimme des Redenden kommt. Die Mittel zu accentuiren, die der Musicus mit dem Declamator gemein hat, sind theils ein längeres Verweilen auf der Sylbe, die gehoben werden soll, theils ein erhöhter und verstärkter Ton. Es bedient sich immer eine Art des Accents dieser Mittel mehr als die andere. Der grammatische Accent, welcher nur blos den Unterschied der kurzen und langen Sylben bemerkt, ist mit einem etwas längern Verweilen auf der langen Sylbe, oder musikalisch davon zu reden, mit einer Note zufrieden, die auf einen langen Tacttheil, oder auf den Niederschlag fällt. Der oratorische, oder wie ihn Rousseau nennt, der logicalische Accent hat es nun schon mit Bezeichnung des Sinnes der Rede zu thun, und sucht den Nachdruck gewisser Begriffe zu bestimmen. Er nähert sich dadurch dem pathetischen Accente, welcher *) durch die verschiedenen Beugungen der Stimme, durch das Erheben oder Sinken des Tons, durch ein geschwinderes oder langsameres Reden, die Empfindungen, welche den Redner beleben, ausdrückt, und sie denen, die ihn hören, mittheilt. Die Quelle dieses Accents ist demnach die Empfindung, wenn jener, der logicalische oder oratorische, es blos mit dem Verstande zu thun hat. Der Sänger überläßt zwar in diesem Stücke die Hauptsorge dem Componisten; dem ohngeachtet muß er doch auch Einsicht in diese Sache haben, um theils den Sinn des Componisten recht zu fassen, oder das Mangelhafte desselben zu bedecken, und durch nachdrückliche Verstärkungen und Dämpfungen der Stimme das hinzu zu thun, was ihm der Componist nicht vorschreiben konnte. Sulzer **) setzt darein einen der vornehmsten Gründe der

---

*) Rousseau Diction. de Musique. Art. Accent.
**) Allgemeine Theorie der schönen Künste. Art. Accent.

der vorzüglichen Stärke der Musik über die bloße Poesie. „Die „Musik, sagt er, hat unendlich mehr Mittel, als die Sprache, ein „Wort und eine Redensart verschiedentlich vor andern zu modificiren; „das ist, sie hat eine Mannichfaltigkeit oratorischer und pathetischer „Accente, da die Sprache nur wenige hat.„

§. 8.

Dieß ist es, was von einem Sänger nur als bloße Sprachkenntniß gefodert wird. Aber auch die Sachen, die er zu sagen hat, fodern Kenntnisse, die aus andern Fächern der Gelehrsamkeit hergeholt werden müssen. Der Stoff zu musikalischen Gedichten wird bald aus der geistlichen und weltlichen, ältern oder neuern Geschichte, bald aus der Mythologie oder Fabellehre entlehnt; oder wenn auch ein Gedicht blos aus der Phantasie des Dichters entstand, so sind doch öfters so viele Anspielungen auf Geschichte und Mythologie darein verwebt, daß ein Sänger nothwendig damit bekannt seyn muß, wenn er seinen Text verstehen, und gehörig vortragen will. Am allermeisten sind diese Kenntnisse einem Sänger nöthig, der das Theater betreten soll, da der meiste Stoff zu Opern aus der weltlichen Geschichte, oder aus der Mythologie genommen ist. Auf zweyerley hat hier ein Sänger hauptsächlich zu sehen: auf den Character der Person, die er vorstellen soll, und dann, was er, in Verbindung mit andern Charactern, zur lebhaften Vorstellung der Handlung beyzutragen hat. Der Sänger, der in der Kammer auftritt, kann eben das wissen, wenn er gleich nicht soviel Gebrauch davon machen darf. Auch dem Sänger der Kirche ist Kenntniß des Characters, wenn er in Oratorien singt, nicht entbehrlich.

§. 9.

Ein jeder Sänger singt am liebsten in seiner Muttersprache, der deutsche in der deutschen, der italiänische in der italiänischen u. s. f. Der Kirche wegen ist aber doch eine Bekanntschaft mit der lateinischen

III. Cap. Vom guten Vortrage, in Ansehung

schen Sprache jedem Sänger nöthig. Zur Erlernung der italiänischen Sprache ist ein deutscher Sänger, der bemerkt seyn will, mit allem Ernste zu ermuntern. Die große Revolution, da im Gesange die deutsche Sprache an die Stelle der italiänischen treten soll, ist vielleicht in Deutschland nicht unmöglich; aber so nahe bevorstehend ist sie doch nicht, daß ein Sänger mit der deutschen Sprache allein Aufsehen zu machen hoffen dürfte. Es ist auch so schwer nicht, mit der italiänischen Sprache bekannt zu werden. Wenn man etwas vom Französischen und Lateinischen weiß, so hat man die italiänische Sprache schon halb begriffen.

§. 10.

Nun ist noch etwas von der Verbindung der Worte, sie mögen deutsch, lateinisch oder italiänisch seyn, mit den Noten zu erinnern übrig. Die wenigste Schwierigkeit hat der *syllabische Vortrag*: jede Note bekommt eine Sylbe, und der Sänger hat nur das Consumar la nota, das feste und zeitrichtige Aushalten der Note auf der Sylbe, oder vielmehr auf dem Vocale derselben, nicht aus der Acht zu lassen. Unsere Choräle sind zur Uebung im syllabischen Vortrage sehr nützlich zu gebrauchen; und wenn man etwas Neues in diesem Fache wünscht, so nehme man den ersten Theil der **Münterischen Lieder**, mit Melodien von verschiedenen Componisten; man findet einige sehr gute Choralmelodien darunter.

Sobald mehrere Noten auf eine Sylbe müssen gesungen werden, so bekommt der Vortrag den Namen *melismatisch*. Jede kurze oder lange Sylbendehnung, die mehr als eine Note enthält, heißt daher ein **Melisma**. Hier nun bindet sich der Sänger im Vortrage nicht immer daran, wie er die Sylben unter den Noten findet. Er trennt Noten oder Figuren, und bindet andere an einander, wenn die Bequemlichkeit der Aussprache, die Verstärkung eines grammatischen oder oratorischen Accents es erlauben, oder gar zu erfodern scheinen.

der Verbindung des Textes mit den Noten.

nen. Einige Beyspiele werden die Sache erläutern. Wenn der Sänger folgende Stellen bey A auf dem Papiere findet, so kann er sie singen, wie bey B; sie werden mehr declamatorischen Nachdruck dadurch bekommen.

A)

32　III. Cap. Vom guten Vortrage, in Ansehung

§. 11.

§. 14.

Auch in Ansehung der Versetzung und Wiederholung stoßen dem Sänger bisweilen, selbst bey dem besten Componisten, Dinge auf, die einer Verbesserung bedürfen, und leicht zu verbessern sind. Der verständige Sänger hat dazu alle Freyheit, und der bescheidene Componist wird es ihm Dank wissen. Von der Zeile: Freuden, Schönste, folgen dir, ist die Wiederholung: Schönste, folgen dir, bey weiten so gut nicht, als die: Freuden folgen dir. Ein verstorbener großer Componist läßt den Artaserse sagen: Come un' amico, oh Dio! possa punir non sò, nò, *possa* punir non sò; unstreitig wäre come punir non sò besser. In einer Composition des Miserere ist das Wort et holocausta fünfmal nach einander wiederholt, da es doch sehr schicklich zweymal mit dem unmittelbar vorhergehenden, und der Quantität nach, gleichlautenden Worte oblationes hätte vertauscht werden können. Diese, und andere ähnliche Dinge, sollten sie auch öfters nur Kleinigkeiten betreffen, zeigen von der Einsicht eines Sängers, wenn er sie, ohne Geräusch auf der Stelle verbessert, und kein Componist kann sich dadurch für beleidigt halten.

Viertes Capitel.
Vom guten Vortrage, in Ansehung der Manieren.

§. 1.

Wenn man das, was im vorigen Capitel über die Accente gesagt worden, erwägt, so kann man leicht auf die Gedanken gerathen, daß alle Manieren in der Musik nichts weiter als Accente sind, oder eigentlich nur dazu dienen sollen, gewisse Töne und Sylben vor andern hervorstechend zu machen. Man gebe auf ihre Anwendung, auf ihre Natur und Eigenschaft Achtung, vom Puncte hinter der Note an, bis auf die längsten melismatischen Dehnungen, so wird man völlig davon überzeugt werden. Die Vorschläge wurden auch vor Alters durchgängig, so wie noch heut zu Tage in Frankreich, Accente genannt. Mattheson nennt sie im vollkommnen Capellmeister gleichfalls so. Dieß hindert nicht, daß man nicht noch andere Gründe für sie anführen könnte, wie denn Agricola *) zum Gebrauch der Vorschläge folgende vier Ursachen angiebt: 1) den Gesang besser mit einander zu verbinden; 2) etwas scheinbar Leeres in der Bewegung des Gesanges auszufüllen; 3) die Harmonie reicher und mannichfaltiger zu machen; oder endlich 4) dem Gesange mehr Lebhaftigkeit und Schimmer zu geben. Eine oder die andere dieser Ursachen wird allemal Statt haben, wenn irgend eine Manier auf einer Note oder Sylbe angebracht wird, die eines Accents bedarf.

§. 2.

Man gründe sie nun, worauf man will, so sind die doch nicht das Wesentliche des Gesanges, sondern nur willkührliche Auszierungen

*) Tosi Anleitung zur Singkunst, S. 59.

in Ansehung der Manieren.

gen desselben, die aber, für unsern Geschmack, zur Nothwendigkeit geworden sind. In den vorigen Zeiten überließ man sie gänzlich der Willkühr des Sängers, ohne sich die Mühe zu nehmen, sie zu bezeichnen und vorzuschreiben; Tosi.*) geräth daher in einen kleinen Eifer gegen die Componisten, die durch Bezeichnung der Vorschläge den Sänger um das Privilegium bringen wollen, sie aus ihrem eigenen Schatze hinzu zu thun. Es ist indeß kein Componist deßwegen zu tadeln, so lange nicht alle Sänger gleiche Fähigkeit und Einsicht haben. Man schreibe nun die Manieren vor, oder man überlasse sie dem Sänger, so müssen doch zu Anbringung derselben Regeln vorhanden seyn, die sich aus musikalischen oder declamatorischen Gründen rechtfertigen lassen, und die der gute Geschmack überall vor richtig erkennt. Diese Regeln aufzusuchen, und neben einander zu stellen, ist die Absicht des gegenwärtigen Capitels. Die Beweisgründe werden bisweilen nebenher berührt werden; sie lassen sich aber auch leicht hinzu denken.

§. 3.

Das leichteste der willkührlichen Zusätze und Verschönerungen, wodurch der Gesang lebhafter und nachdrücklicher wird, ist der Punct hinter einer Note. Daß er eine Note um die Hälfte ihrer Dauer verlängere, ist bekannt: er ist also ein Mittel den Accent der Declamation zu verstärken, und in dieser Absicht kann er nur hinter Noten, die auf langen Sylben oder auf einem langen Tacttheile stehen, angebracht werden. Im Vortrage muß eine solche punctirte Note, mit einiger Verstärkung, niemals zu kurz, sondern so kräftig ausgehalten werden, daß sie über die folgende kleinere Note gleichsam überzuhängen, oder diese sich unter jene zu verkriechen scheint. Man sehe, wie folgende Stellen bey A durch hinzugefügte Puncte bey B im Ausdrucke gewinnen.

C 2

A)

*) Anleitung zur Singkunst S. 57.

36　IV. Cap. Vom guten Vortrage,

in Ansehung der Manieren.   37.

Im ersten Exempel können zwar alle, auf einen langen Tacttheil fallende Noten des ersten und dritten Tactes einen Punct bekommen; es ist aber wohl besser, wenn man ihn nicht allen giebt, weil der Gesang dadurch etwas hinkendes bekäme. Im zweyten Exempel sieht man, daß auch Noten über kurzen Sylben und kurzen Noten, der Veränderung wegen, einen Punct vertragen. Ueberhaupt muß ein Sänger, in Ansehung des Willkührlichen, was er in den Gesang bringt, um ihn zu verschönern, sich hüten, daß es nicht zu sehr einerley, nicht immer eine und dieselbe Manier sey. Kann er aber durch die Manieren selbst nicht Abwechselung hervorbringen, so sey es wenigstens durch die Art, wie er sie anbringt. Obiges Exempel bey B ist in dieser Betrachtung gewiß besser, als folgende beyde:

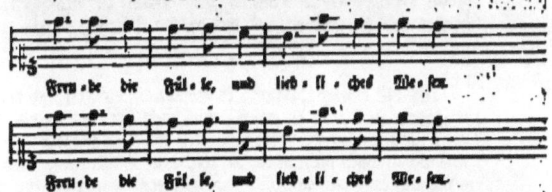

Freu-de die Fül-le, und lieb-li-ches We-sen.

Freu-de die Fül-le, und lieb-li-ches We-sen.

Es ist außerdem im dritten Tacte des zweyten Exempels etwas, das kein gesundes Ohr leicht vertragen wird. Das Beleidigende steckt nicht in der gedehnten kurzen Sylbe, sondern in dem hinauf springenden Tone. Ein Sprung herab täuscht hier das Ohr so, daß es nichts der Declamation zuwider laufendes vernimmt. Man vergleiche folgende beyde Beyspiele mit einander; der Ausspruch darüber ist nicht schwer.

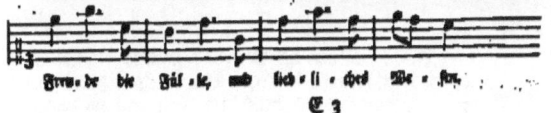

Freu-de die Fül-le, und lieb-li-ches We-sen.

38 IV. Cap. Vom guten Vortrage,

Grau-be die Fül-le, und lieb-li-ches We-sen.

§. 4.

Ueber die Gestalt und Beschaffenheit der Vorschläge, über ihre Eintheilung in veränderliche und unveränderliche, auch über die Art sie vorzutragen ist schon im §. 12. der siebenden, und im §. 3. der zwölften Lection des ersten Theils hinlängliche Nachricht gegeben worden. Es ist also hier nur noch von ihrem Gebrauche und Mißbrauche verschiedenes zu erinnern, und genauer zu bestimmen, wo sie hin oder nicht hin gehören, und von welcher Gattung sie seyn müssen.

§. 5.

Um mit einiger Ordnung in dieser weitläuftigen und verwickelten Materie zu Werke zu gehen, muß man sich blos an die Gründe halten, aus welcher die Nothwendigkeit der Vorschläge erkannt wird. Diese weisen ihnen nicht allein die schicklichen Stellen an, sondern lehren dadurch auch meistentheils, von welcher Gattung sie seyn müssen. Daß die Vorschläge entweder die vorhergehende Note wiederholen, oder eine neue anschlagen, daß die erstern in Stufen auf- und abwärts, die letztern aber nur von oben herab vorkommen, und alsdann immer ein Ton aus der vorher gegangenen Harmonie sind, wird man, bey einer nähern Bekanntschaft mit ihnen, bald inne werden. Daß Vorschlag und Note auf einer und derselben Sylbe vereiniget seyn müssen, ist schon im ersten Theile gesagt worden.

§. 6.

Die Verbindung der Melodie vermittelst der Vorschläge findet bey der Fortschreitung in Terzen Statt. Nach zween oder drey unveränderlichen pflegt der dritte oder vierte gern ein veränderlicher zu

seyn;

in Ansehung der Manieren.   39

seyn; so wie vor einer punctirten Note der Vorschlag immer auch wie der Note theilt, und ihr zwey Drittel der Zeit wegnimmt.

Der Componist nimmt sich nicht immer die Mühe diese Vorschläge, zumal die kurzen oder unveränderlichen beyzufügen; er überläßt es stillschweigend dem Sänger. Dagegen werden öfters vor punctirte Noten Vorschläge gesetzt, mit denen der Sänger, der harmonischen Begleitung wegen, doch nicht nach der Regel verfahren kann, ohne einen unerträglichen Mißlaut zu machen. In diesem Falle wäre es besser,

den

40   IV. Cap. Vom guten Vortrage,

den Gesang in vollgültigen Noten aufzuschreiben. Man betrachte folgendes Beyspiel:

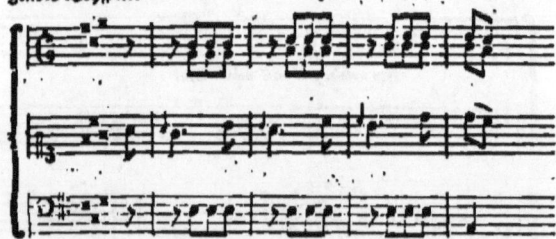

In diesem Falle wird der Sänger gewiß der Note die größere Hälfte geben, und der Vorschlag sich mit der kleinern begnügen müssen. Um Zweydeutigkeit zu vermeiden wäre es besser, wenn hier statt der Vorschläge Hauptnoten gesetzt würden.

Diesen könnte der Sänger nun noch einen kurzen Vorschlag von oben beyfügen, welches in dem Falle, da eine kurze Note in Thesi wiederholt wird, die vorher in Arsi da war, sehr erlaubt ist, und zum Schimmer des Gesanges viel beyträgt. Aber hieße das nicht Zierrathen mit Zierrathen überladen? Keinesweges. Sobald ein Vorschlag als eine anschlagende Note steht, wird ein anderer Vorschlag bey ihr nichts verderben. Außerdem haben auch die Vorschläge unter den Manieren das Vorrecht, sich am häufigsten hören zu lassen, ohne zum Eckel zu werden.

§. 7.

Noch ein Paar Anmerkungen über die Vorschläge überhaupt: Sie können sowohl vor Dissonanzen, als vor Consonanzen angebracht werden.

in Ansehung der Manieren.

werden. Im ersten Falle müssen sie selbst Consonanzen, im andern können sie sowohl eins als das andere seyn. Als Dissonanzen haben sie die Freyheit ohne Vorbereitung einzutreten; die Auflösung aber muß in der darauf folgenden Note enthalten seyn.

Die langen und veränderlichen Vorschläge können nur vor langen und solchen Noten angebracht werden, die auf einen langen Tacttheil fallen; die kurzen unveränderlichen gehören zwar eigentlich nur zu den kurzen Tacttheilen, werden aber vermischt gebraucht, und können, nach der heutigen Singart, auch solchen Noten vorgesetzt werden, die durch einen langen zuviel von ihrer Kraft verlieren würden.

II. Theil.

42   IV. Cap. Vom guten Vortrage.

Auch mögen es die Noten gern haben, daß ihre Vorschläge von unten halbe Töne sind, wenn sie auch dadurch der Tonart etwas fremd werden sollten.   Es ist über diesen Umstand verschiedentlich geklagt worden; ich unternehme es auch nicht ihn zu rechtfertigen.   Gewiß ist es, daß unsere neuern Virtuosen ihren Vortrag dadurch besonders glänzend zu machen glauben.   Man gehe behutsam und sparsam mit diesen Vorschlägen außerhalb der Scale um; sonst kann leicht der Gesang bizar und widerwärtig durch sie werden, anstatt, daß ein mäßiger Gebrauch derselben ihn auffallend und piquant macht.   Bisweilen kann man etwas sehr ausdrückendes durch sie erhalten:

Man hat dabey vornehmlich auf die harmonische Begleitung Rücksicht zu nehmen, und diese zufällig erhöhten Vorschläge zu vermeiden, wenn derselbe Ton, ohne Erhöhung, in irgend einer Stimme steht.

§. 8.

Die Vorschläge dienen ferner das scheinbare Leere oder Steife der Bewegung zu heben.   In diesem Falle werden sie meistentheils als veränderliche angesehen, und in die folgende Note eingetheilt.

In Ansehung der Manieren.

§. 9.

Die beyden noch übrigen Gründe für den Gebrauch der Vorschläge, sind zum Theil schon in den beyden jetzt durch Beyspiele erläuterten enthalten. Die veränderlichen oder langen Vorschläge dienen überall die Harmonie reicher und mannichfaltiger zu machen; so wie die kurzen oder unveränderlichen dem Gesange durchgängig mehr Lebhaftigkeit und Schimmer ertheilen. Ueber den letzten Umstand sollen hier noch einige Beyspiele angeführt werden, bey denen es in die Augen fällt, daß die Vorschläge bloß der Lebhaftigkeit und des Schimmers wegen angebracht sind.

IV. Cap. Vom guten Vortrage,

in Ansehung der Manieren.

46   IV. Cap. Vom guten Vortrage,

Aus den beygebrachten Beyspielen ist zu ersehen, daß vor zwo oder drey geschwinden Noten, die sich Stufenweise herab bewegen, immer ein kurzer Vorschlag gesetzt werden kann, in keiner andern Absicht, als den Gesang noch lebhafter und glänzender zu machen. Dieß gilt auch bey Triolen; nur muß man sich bey diesen in Acht nehmen, daß man ihnen die Gestalt einer dreygliedrigen Figur nicht raubt. Der Vorschlag muß völlig in die Zeit der ersten Note eingeschlossen werden, ohne daß die zwepte und dritte etwas daran verliehren. Vorschläge vor folgender Art von Noten und Figuren werden mit Recht unter die verwerflichen Zierrathen gezählt, ob man sie gleich in unsern Tagen auch nicht selten antrifft.

§. 10.

Einige Aehnlichkeit mit den Vorschlägen haben die Nachschläge, oder diejenigen kurzen Noten, die einer Hauptnote nachgeschlagen, und in die Zeit derselben gezogen werden. Bey den französischen Componisten sind sie noch sehr gewöhnlich; die deutschen und italiänischen aber verbinden sie meistentheils mit der Hauptnote in eine Figur, oder überlassen es dem Sänger sie nach Belieben hinzu zu thun. Sie erscheinen unter einfacher und doppelter Gestalt, d. i. mit einer und mit zwo Noten.

Die einfachen Nachschläge gehören entweder in die Harmonie der Note, der sie angehängt werden, oder sie werden von der zunächst gelegenen Secunde entlehnt:

in Ansehung der Manieren. 47

Die springenden einfachen Nachschläge kann man auch zu doppelten machen, auf folgende Weise:

Mit den einfachen, die von der Secunde entlehnt sind, muß man etwas behutsam umgehen, und nicht viele hinter einander vorbringen, zumal in langsamer Bewegung, weil sie etwas lahmes an sich haben. In geschwinder Bewegung sind sie, in der absteigenden Scale, sehr gut, und behaupten einen ansehnlichen Platz unter den Passagien. Ausführlicher davon zu reden ist nicht nöthig, weil diese Art von Nachschlägen vom Componisten, als Hauptnoten, mitgeschrieben zu werden pflegen.

Ein merkwürdiges Beyspiel des von der Secunde entlehnten Nachschlages, sehe man hier noch, wodurch die ehmals berühmte

Sta-

48 IV. Cap. Vom guten Vortrage,

Sängerinn, Madame Kayser, in der Domkirche zu Hamburg (NB. ein Frauenzimmer in der Kirche,) das Wort beugen so nachdrücklich heraus brachte, daß es, wie Mattheson *) sich ausdrückt, fast sichtbar schien, und die Augen voller Ohren wurden.

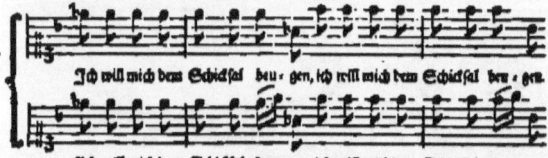

Ich will mich dem Schicksal beu-gen, ich will mich dem Schicksal beu-gen.

Ich will mich dem Schicksal beu-gen, ich will mich dem Schicksal beu-gen.

§. 11.

Noch ein doppelter Nachschlag ist zu betrachten, der dem Schleifer von zwo Noten sehr ähnlich ist, und nur darinne sich von ihm unterscheidet, daß er nicht in die Zeit der folgenden, sondern der vorhergehenden Note gezogen wird. Er dient eben so, wie jener zur Verbindung zwoer Hauptnoten, und macht dieselbe lebhafter und schimmernder. Man macht ihn mit aufsteigenden Noten zwischen zwo aufsteigenden, und mit absteigenden, zwischen zwo absteigenden Noten.

Zwischen stufenweise etwas langsam aufsteigenden Noten kann er, mit kurzen Vorschlägen abwechselnd, sehr gut gebraucht werden; nur erinnere man sich, daß er in die Zeit der vorhergehenden Note gehört.

*) Im vollkommnen Capellmeister S. 113.

in Ansehung der Manieren.

hört, und richte sich mit dem Sprechen der Sylben darnach. In folgendem Exempel kommt am Ende noch ein Schleifer hinzu.

Diese Nachschläge müssen der Hauptnote so wenig als möglich von ihrer Zeit entziehen, und folglich sehr kurz gemacht werden, so daß sie fest an die darauf folgende Note anschließen. Der an einen langen Triller angehängte Nachschlag hat indeß die Freyheit sich etwas mehr Zeit zu nehmen.

Beyde Arten der doppelten Nachschläge können auch den veränderlichen Vorschlägen angehängt werden: z. E.

§. 12.

Wenn der einfache Nachschlag die nächstfolgende Note ergreift, sie sey Stufe oder Sprung, Consonanz oder Dissonanz, und sie in der Zeit der vorhergehenden Note, umb der darunter liegenden Sylbe kurz voraus nimmt, so hat man das, von einigen sehr unrecht verstandene Cercar della nota der Italiäner. Gelegenheit dazu findet sich fast vor jeder Note; der Sänger aber wäre ein Thor, der es so häufig brauchen wollte. Blos in aufsteigenden Secunden kann man es bis zur Septime fortsetzen:

IV. Cap. Vom guten Vortrage,

Vor etwas langen Noten, besonders wenn sie mit einiger Kühnheit und Stärke eintreten sollen, kann es die Stelle der kurzen Vorschläge ersetzen; selbst vor solchen Noten ist es zu gebrauchen, die keinen Vorschlag zulassen wollen.

in Ansehung der Manieren.

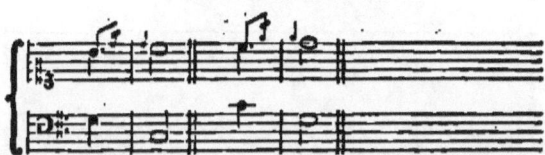

Das erste Exempel ist oben mit kurzen Vorschlägen da gewesen; der erste Tact des zweyten zeigt, wie dieses Cercar bisweilen vom Componisten in Hauptnoten vorgeschrieben werde, und im dritten Exempel werden damit sogar veränderliche Vorschläge anticipirt.

Ob es bisweilen nicht eben so gute, wo nicht bessere Wirkung thue, als die kurzen Vorschläge, kann man mit folgendem Exempel untersuchen:

IV. Cap. Vom guten Vortrage,

§. 13.

Zwischen dem kleinen halben Tone und der übermäßigen Secunde findet kein Vorschlag Statt, wohl aber dieses Cercar della nota. Ueberhaupt nutzt es fast vor allen springenden Dissonanzen mehr als die Vorschläge, wie man aus folgenden Beyspielen ersehen kann, wenn man auf beyde Weise damit den Versuch machen will.

in Ansehung der Manieren.

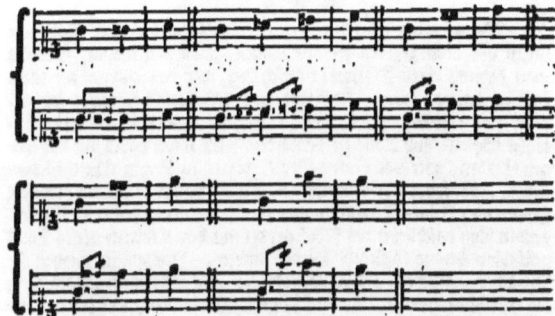

Die Anwendung auf herabsteigende Intervalle ist leicht zu machen. Das Cercar ist bey diesen eben so brauchbar als bey den aufsteigenden.

§. 14.

Eine andere Art des Cercar della nota, welches von andern messa di voce crescente genannt wird, findet bey auf- und absteigenden kleinen halben Tönen statt, wenn das Zeitmaaß nicht zu kurz und eingeschränkt ist. In Noten läßt es sich nicht vorstellen. Es besteht in einem unmerklichen gelinden Auf- oder Abziehen der Stimme, durch so viele kleine Untereintheilungen oder Commata eines halben Tons, als jedem anzugeben möglich ist, von einer Stufe des halben Tons bis in den andern. Die größte Schwierigkeit hat es, wenn das Zeitmaaß dazu bestimmt ist: denn da wird entweder durch Marquiren desselben der Zusammenhang gestört, so daß man etwas Gestoßenes darinne vernimmt, oder der Sänger geräth in Gefahr gegen den Tact zu fehlen. Mittelmäßige Sänger pflegen sich daher nicht viel damit abzugeben; es müßte denn etwan in einer Fermate seyn, wo sie sicher sind, nicht wider den Tact zu verstoßen.

G 3 §. 15.

54   IV. Cap. Vom guten Vortrage,

§. 15.

Wenn man die beyden kurzen Vorschläge, die einer Note von unten und oben gegeben werden können, zusammen nimmt, so erhält man dadurch einen **Doppelvorschlag**, der von einigen der **Anschlag** genannt wird. Der Endzweck desselben ist ebenfalls kein anderer, als den Gesang lebhafter zu machen, und die Accentuation gewisser Sylben und Töne zu verstärken. Er findet daher nur vor langen Sylben, oder vor Noten Statt, die einen langen Tacttheil vorstellen. Nach der jetzt beschriebenen Gestalt bestehet er allemal in einem großen oder kleinen Terzensprunge, aus zwo kurzen genau an den folgenden Ton anschließenden Nötchen, die mit dem Eintritte dieses Tons geschwind heraus gebracht werden müssen. Insgemein werden sie schwächer angegeben, als die Hauptnote. In langsamen Sätzen kann die erste Note eines solchen Anschlags länger dauern, und stärker vorgetragen werden, als die zweyte, wo der Ausdruck es zu erfodern scheint, und die Beschaffenheit der Hauptnote es erlaubt. Man pflegt in diesem Falle der ersten kleinen Note, im Schreiben, einen Punct beyzufügen, und der Ausführer richtet sich nach der Länge der Note, vor welcher dieser punctirte Anschlag steht, und nach der Tactbewegung. Je zärtlicher der Affect ist, den er ausdrücken soll, desto länger wird er die erste Note dieses Anschlags halten.

Im dritten Tacte dieses Exempels bemerke man noch eine Gelegenheit den doppelten Nachschlag zwischen springenden Noten anzubringen, und diese dadurch fester mit einander zu verbinden.

in Ansehung der Manieren.   55

Ob nun gleich der punctirte und unpunctirte Anschlag bisweilen, nach der Regel der veränderlichen Vorschläge, in die Note eingetheilt werden kann, so giebt es doch Fälle, besonders bey langsamer Bewegung, wo es nicht erlaubt ist, und um soviel weniger als länger die Note ist.

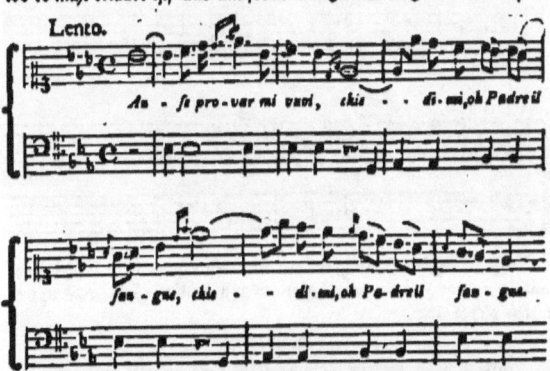

Der erste Doppelvorschlag dieses Exempels könnte zwar der Note zwey Achtel wegnehmen; es ist aber, verschiedener Ursachen wegen, besser, wenn er mit einem Achtel abgefertiget wird. Die andern beyden können nicht anders als kurz und geschwind an die lange Hauptnote angezogen werden.

§. 16.

Es giebt aber auch Anschläge, deren Sprung weiter, als eine Terz ist, in dem Falle, wenn zwischen zwo springenden Noten die erste Note vermittelst des Anschlags noch einmal wiederholt wird. Der Sprung des Anschlags ist allemal um eine Stufe weiter, als der Sprung der beyden Hauptnoten.

IV. Cap. Vom guten Vortrage,

Von welcher Geltung sie vor den ersten punctirten Noten sind, und in welcher Zeit sie vorgetragen werden müssen, sieht man in den letzten vier Tacten.

§. 17.

Wenn der aus einem Terzensprunge bestehende Anschlag mit der übersprungenen Note ausgefüllt wird, so erhält man den so genannten dreyfachen oder dreynotigen Schleifer *). Er kann daher, so wie jener, nur auf einem langen Tacttheile vor einer etwas langen Note, oder vor einer kurzen Note bey langsamer Bewegung, angebracht werden. Man kann ihn geschwind und langsam machen; doch muß er, im letzten Falle, der Hauptnote nicht mehr als die Hälfte entziehen, und auch dann noch hat man immer Achtung zu geben, daß er nicht träge

---

*) Ich will mir nicht gern Neuerungen in der Lehre verwerfen lassen, sonst würde ich diesen Schleifer lieber unter die Anschläge rechnen, da er ganz die Natur derselben hat. Man nenne ihn, wie man will, wenn man nur weiß, was damit anzufangen ist.

in Ansehung der Manieren.

träge und schleppend werde, da der Vortrag desselben ohnedem etwas matt und schwach seyn soll. Am liebsten steht er vor einer Note, die eine andere auf eben dem Tone vor sich hat; oder er marquirt die erste Note eines melodischen Einschnitts. Was oben §. 7. gesagt ward, daß die Noten zu Vorschlägen von unten gern halbe Töne haben mögen, das gilt ebenfalls vom Anschlage und vom Schleifer; es ist auch, in sofern sie kurz und schwach ausgeführt werden, die Gefahr, Mißlaut in den Gesang zu bringen, so groß nicht, als bey langen und stark vorzutragenden Vorschlägen.

§. 18.

Der aus zwo Noten bestehende Schleifer, von dessen Aehnlichkeit mit dem doppelten Nachschlage §. 21. dieses Capitels etwas gesagt ward, ist eine von den leichtesten Manieren, wenn er aus zwo gleichen kleinen Nötchen besteht, welche geschwind, und mit Nachdruck, an die folgende Hauptnote angezogen werden. Die Componisten verbinden

IV. Cap. Vom guten Vortrage,

binden sie heut zu Tage meistentheils mit der Hauptnote in eine Figur, und schreiben sie, wie bey C. Bey aufsteigenden Quarten ist dieser Schleifer am schicklichsten und leichtesten anzubringen.

§. 19.

Es kommt dieser Schleifer aber auch punctirt vor, und da hat er, wegen der Eintheilung in die folgende Note einige Schwierigkeit. Agricola hat in den Anmerkungen zur Singkunst des Tosi die Materie sehr gründlich und vollständig abgehandelt; da ich nun nichts Bessers darüber zu sagen weiß, so will ich mich hier seines Vortrages, und seiner beygefügten Exempel bedienen.

Der punctirte und langsame Schleifer steht ebenfalls gern zwischen zwo springenden Noten; doch trifft man ihn auch bisweilen bey Stufenweis aufsteigenden an. Die erste oder punctirte Note wird allzeit stark, die andere nebst der Hauptnote aber sehr schwach angegeben. Die Währung der ersten Note ist mehr, als bey irgend einer andern Manier, veränderlich. Sie muß größtentheils, mit Beobachtung des Basses und der Harmonie, durch den Affect bestimmt werden. Die Hauptnote des Gesanges bekömmt also entweder die Hälfte ihrer Geltung a); oder sie wird nur mit der zweyten Note des Schleifers am Ende vereint angegeben b). Bisweilen wird sie gar in die Zeit der auf sie folgenden Hauptnote gezogen c).

Lento

in Ansehung der Manieren.

*) Ob diese Note gleich dreymal beym Agricola steht, so will ich doch lieber glauben, daß es ein Druckfehler ist, als daß Agricola, oder der Componist, im Fall der vorgeschriebene Schleifer von ihm selbst herrührt, h statt gis geschrieben haben sollten. Wie dem aber auch seyn mag, so will ich damit doch weder dem Componisten, noch meinem verstorbenen verehrungswürdigen Freunde etwas zu Leide thun; sondern blos dem Sänger einen Wink geben, daß er frey um sich sehe, um mit seinen Manieren nicht ingendwo gegen die Reinigkeit des Satzes

IV. Cap. Vom guten Vortrage,

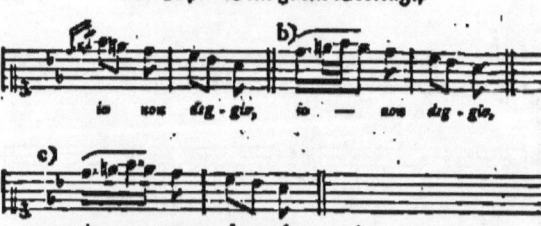

Wenn die Note, vor welcher der Schleifer angebracht wird, einen Punct hinter sich hat, so kömmt sie an die Stelle des Puncts e); aber auch mit der zweyten Note des Schleifers am äußersten Ende desselben f); oder wenn nach dem Puncte noch eine Note daran gebunden ist, g) noch später zum Gehör.

angestoßen. Soll hier der punctirte Schleifer angebracht werden, so muß im Basse gis stehen, oder h läßt sich die Note d mit einem Anschlage oder dreystimmigen Schleifer verzieren.

in Ansehung der Manieren.

Kömmt die Hauptnote auf die Zeit des Puncts, oder läßt die Tactbewegung Zeit genug dazu, so wird, bey ungradem Tacte allemal h), bey gradem aber nur, wenn die Note nach dem Puncte auf eben demselben Tone bleibt i), die Hauptnote kurz abgestoßen, so daß zwischen ihr und der folgenden eine kurze Pause bemerkt wird.

64   IV. Cap. Vom guten Vortrage,

Wenn die Bewegung des Tacts sehr langsam ist, so kann zwischen dem puncirten Schleifer noch ein Doppelschlag angebracht werden.

§. 20.

Bis hieher Herr Agricola. So überlegt und genau dieß alles ist, so sieht man doch nicht ein, was zum Abstoßen der Hauptnote nach dem puncirten Schleifer die grade oder ungrade Tactart beytragen soll, oder warum in einem Falle derselbe Ton noch einmal darauf folgen müsse, im andern nicht. Und gehört denn der Sechsachtel-Tact nicht auch unter die graden Tactarten? Auf die Tactart kommt dabey eben so wenig an, als auf die darauf folgende Note: diese kann wiederholt werden, oder eine absteigende, abspringende, ja sogar eine aufsteigende oder hinaufspringende an ihrer Stelle haben. Beyspiele darüber anzuführen, würde zu weitläuftig seyn; der Sänger, dem es darum zu thun ist, wird die Untersuchung darüber leicht anstellen können. Lieber will ich hier durch ein einziges Beyspiel zeigen, auf wie mannichfaltige Art eine einzige Note, vermittelst der Vorschläge, Anschläge und Schleifer, vorgetragen werden könne; wenn ich vorher noch erinnert habe, daß in langsamer Bewegung, wo der kurze zweynotige Schleifer zu lahm und schleppend herauskommen möchte, man ihn nicht allein verdoppeln, sondern auch, unter ähnlichen Umständen, dem puncirten Schleifer anhängen könne. Er vertritt in diesem Falle die Stelle des Doppelschlags, den Agricola zwischen den punctir-

ten

in Ansehung der Manieren.

ten Schleifer anzubringen erlaubt. Die kleinen Nötchen der Manieren müssen genau in dem Werthe, wie sie da stehen, genommen und in die Hauptnote eingetheilt werden.

64   IV. Cap. Vom guten Vortrage,

Es gäbe hier noch Manches zu erklären; aber dann würde des Erklärens kein Ende. Ich schmeichle mir nicht, alle mögliche Veränderungen, die ein guter Sänger zu erfinden im Stande ist, angezeigt zu haben, und doch rufe ich schon bey dem Angezeigten abermals mit Agricola, aus. „Welch eine Menge von Veränderungen können
„nicht

in Ansehung der Manieren.

„nicht durch diese, zu rechter Zeit und mit gutem Geschmacke ange-
„bracht, und mit einander abgewechselten (auch mit einander ver-
„bundenen) zwo oder drey Nötchen, aus denen die Vorschläge, An-
„schläge und Schleifer bestehen, hervorgebracht werden! Welch einen
„Ueberdruß aber kann man dem Zuhörer damit erwecken, wenn man
„eben diese Manieren, entweder nicht recht ausführt, oder sie am un-
„rechten Orte, oder gar zu oft anbringt!„

§. 21.

Zu den wesentlichen Manieren, wodurch der Gesang lebhafter und schimmernder gemacht wird, gehören ferner die Triller, und was ihnen anhängt. Im ersten Theile ist zu Ende der ersten und zwölften Lection davon geredet worden. Hier sollen, über die rechte Anwendung derselben, noch einige Anmerkungen gemacht werden. Die verschiedenen Arten, die in Betrachtung gezogen werden müssen, sind, der ganze und halbe oder Pralltriller, der Mordent, der Doppelschlag und die Bebung. Sie verdienen insgesammt eine genaue Aufmerksamkeit, und von Seiten des Sängers viel Uebung, weil ohne dieselben der Gesang nicht anders als steif seyn kann, und ein Sänger, dem es ganz daran fehlt, keine bessere Figur macht als ein Tänzer, der die Arme nicht zu bewegen weiß. Wenn der Triller so geschwind ist, daß man den zweyten Ton wenig oder gar nicht gewahr wird, so pflegt man es einen Tremulanten oder Bockstriller zu nennen. Dieser entsteht, wenn die Kehle, oder vielmehr der obere Theil der Luftröhre noch nicht Beweglichkeit genug hat, um zween Töne deutlich und geschwind abwechselnd neben einander hören zu lassen. Die langsam zitternde Bewegung dieses obern Theils der Luftröhre, die man mit dem Finger von außen fühlen kann, ist es, die den guten Triller hervor bringt, der um soviel schöner und vollkommener ist, je reiner, gleicher und anhaltender er geschlagen wird. Es hat Sänger gegeben, die bisweilen mit außerordentlich langen Trillern, die sie nach Art des messa di voce an Stärke zu- und abnehmen ließ-

II. Theil.　　　　　　　　J　　　　　　　　sen,

66   IV. Cap. Vom guten Vortrage,

sen, Aufsehen machten. Wenn diese Triller ihm auch, heut zu Tage, zu den veralteten Moden gezählt werden sollten, so verdienen sie doch immer noch geübt zu werden; weil man eine Sache nicht eher vollkommen besitzt, als bis man alles damit unternehmen kann, was zu unternehmen ist.

§. 22.

Obgleich die Componisten die Noten, die einen Triller fodern oder zulassen, fleißig mit dem gewöhnlichen Zeichen tr zu versehen pflegen, so schadet es doch nicht, den Sänger so davon zu unterrichten, daß er das zu ersetzen weiß, was manchmal der Componist, manchmal der Abschreiber anzumerken vergessen hat. Der Triller hat darinn, daß er sich auf allen Tacttheilen, ohne Unterschied, zeigen darf, einen Vorzug vor den Vorschlägen, als welche nur an die langen Tacttheile gebunden sind; dagegen aber darf er sich nicht so oft hören lassen, als jene, weil er leicht Ueberdruß erregt, wenn er zu oft gehört wird. Einige Componisten verlangen ihn bisweilen auf etwas langen Anfangsnoten; aber auch da, scheint es dem guten Geschmacke gemäßer, wenn man ihn wegläßt. Es ist gewiß besser, in folgendem Anfange einer Arie, die beyden halben Tactnoten ohne Triller, und nur mit ein Paar Doppelvorschlägen, vorzutragen.

Sol - car   pro - fa,   un   mer ß - ci - ra.

Er zeigt sich ferner nicht bloß auf Stufenweis fortschreitenden, sondern auch auf springenden Noten.

in Ansehung der Manieren. 67

In diesem Falle kann man sich der kurzen Vorausnahme der Note, welche das Trillo trägt, oder des sogenannten Cercar della nota bedienen.

In Cadenzen und Fermaten ist der Triller die wesentlichste und nothwendigste Zierde. Da diesen Dingen unten ein eigenes Capitel bestimmt ist, so bedarf es hier weiter keiner Erläuterungen.

Auch in langen Haltungen auf einem Tone pflegen einige Sänger das messa di voce mit dem Triller am Ende abzubilden, und das ist so übel nicht; aber die ganze lange Note in ein Trillo zu verwandeln, ist nicht der beste Beweis von dem Geschmacke des Sängers.

Bisweilen findet sich vor einer Note, die mit tr bezeichnet ist, noch ein kurzer Vorschlag von oben: dieser ist sodann nichts weiter, als die erste Note, womit das Trillo anhebt, und kann sich etwas deutlicher und länger hören lassen, als es sonst beym Trillo zu geschehen pflegt.

§. 23.

Das, was jetzt gesagt worden ist, gilt eigentlich nur von dem ganzen Triller, der allemal mit einem Nachschlage verbunden ist. Beyde, sowohl der Triller, als der Nachschlag, können mit einem ganzen und halben Tone gemacht werden. Warum und wenn das geschehen müsse, ersieht man aus der jedesmaligen Tonart, und aus der Stelle, den die mit *tr.* bezeichnete Note zwischen den andern Stufen der Tonleiter einnimmt. Bey den Clavierspielern ist noch ein sogenannter Doppeltriller Mode, der aber für den Sänger von keiner Erheblichkeit ist. Dagegen hat der Gebrauch, sowohl bey den Sängern, als auch bey einigen Instrumentspielern eine andere Art von doppelten

68   IV. Cap. Vom guten Vortrage,

Triller eingeführt, der, wenn er rein, wohl zusammenhängend, und mit zunehmender Stärke vorgetragen wird, aller Ehren werth ist. Er besteht darinne, daß man, ehe der eigentliche Triller eintritt, der mit der darüber liegenden Secunde geschlagen wird, einen andern mit der darunter liegenden Secunde vorausschickt, und mit jenem so genau zusammenhängt, daß man den Uebergang fast gar nicht bemerkt. Man pflegt zu dem Ende sogar auf die große Untersecunde noch die kleine folgen zu lassen, um sich recht unvermerkt in den eigentlichen Triller hinein zu stehlen.

Man könnte den voraus geschickten Triller den umgekehrten nennen. Im Grunde ist er auch wohl weiter nichts, als ein verlängerter Mordent. In Ansehung der Harmonie gehört er freylich mehr zur ersten Note, und da ließe sich noch mancherley darüber schwatzen. Wir begnügen uns aber, ihn kennen zu lernen, und bey Gelegenheit, in Cadenzen, wohin er eigentlich gehört, einen geschickten Gebrauch davon zu machen. Dieser verdoppelte Triller kann noch auf eine andere Art gemacht werden, da nämlich der vorangehende nicht gleich so rasch anhebt, sondern vom Langsamen zum Geschwinden fortgeht, bis er sich mit dem zweyten vereinigt. Er hat in diesem Falle mit dem cercar della nota einige Aehnlichkeit, und man könnte ihn ein cercar del trillo nennen. Man nenne ihn, wie man will; seine Gestalt ist ohngefähr folgende:

in Ansehung der Manieren.

In Ansehung des Nachschlags beym Trillo hat die Mode auch gewisse Verkräuselungen eingeführet, welche man nur denen erlauben kann, die alles so bunt als möglich zu machen suchen, und für eine edle Simplicität kein Gefühl haben. Man sehe hier einige dieser Verzierungen:

Die erste und zweyte ist zu Zeiten wohl zu dulden; die dritte aber auf alle Weise sehr armselig und abgeschmackt. Der Nachschlag muß allerdings, wegen der darauf folgenden Schlußnote, die den prompten Eintritt der Instrumente fodert, und deßwegen keinen Vorhalt oder Vorschlag verträgt, bemerkbar und deutlich vorgebracht werden, und in dieser Rücksicht läßt sich ein kleines Verzögern damit gar wohl entschuldigen. Ein mehrers soll darüber bey Gelegenheit der Cadenzen vorgebracht werden.

§. 24.

Der halbe Triller, der diesen Namen führet, weil ihm der Nachschlag fehlt, wird ein **Pralltriller** genennt, wenn er auf kurzen Noten, oder auf längern Noten kurz abprallt. Der erste kommt in gewissen absteigenden a) Figuren, manchmal oft nach einander vor; der andere findet nur auf Noten Statt, die einen Absatz b) vertragen, und einen langen Vorhalt von oben vor sich haben, er bestehe nun in einem Vorschlage, oder in einer ausgeschriebenen Note. Auch in gewissen, aus vier Noten bestehenden c) Figuren pfleget er der dritten Note gegeben zu werden. Sein Zeichen ist ~.

IV. Cap. Vom guten Vortrage,

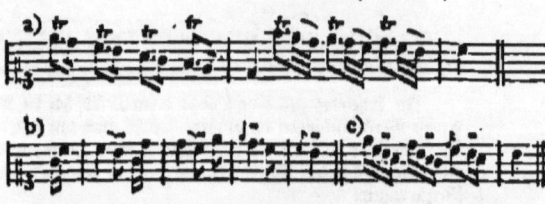

§. 25.

Der Mordent, der mit dem Zeichen ✻ angedeutet, von wenig Componisten aber vorgezeichnet wird, hat seinen Platz vornehmlich auf einer Note, die einen Vorhalt oder langen Vorschlag von unten a) vor sich hat. Dieser Vorhalt nun, er mag in der Entfernung eines ganzen oder halben Tones bestehen, ist die Hülfsnote, womit der Mordent gemacht wird. Selbst auf einigen b) Vorschlägen, die vor einem Sprunge nach der Höhe stehen, kann ein Mordent angebracht werden. In diesem Falle pflegt man auch zur Hülfsnote lieber den halben als den ganzen Ton zu nehmen, wenn auch die Tonleiter nur diesen dazu giebt.

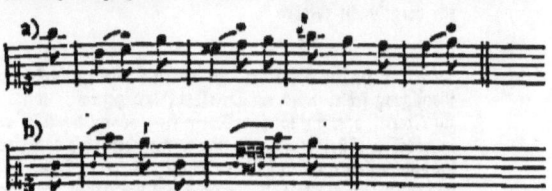

Diese kurzen Manieren, der Mordent und Pralltriller, müssen mit der möglichsten Geschwindigkeit und Schärfe herausgebracht werden. Bey einigen Sängern vertritt der Mordent a) bisweilen die

Stelle

in Ansehung der Manieren. 71

Stelle des b) Pralltrillers nach einem langen Vorschlage oder Vorhalte. Es wird damit nichts verdorben; er scheint auch leichter heraus zu kommen.

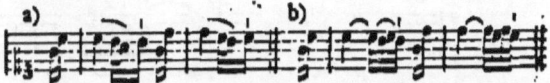

Die Verlängerung oder Verdoppelung des Mordenten, in diesem und ähnlichen Fällen ist mehr für den Instrumentspieler als für den Sänger.

§. 26.

Zu viel Würze verdirbt den Geschmack der Speise, und zu viele Triller schaden der edlen Simplicität des Gesanges. Gute Sänger weichen ihnen daher aus Klugheit bisweilen aus, wenn es schlechte, die noch keinen Triller haben, aus Noth thun müssen. Beyden ist daran gelegen, sich darauf zu verstehen. Es lassen sich dazu mancherley Mittel ausfündig machen. Hier mag es genug seyn, von folgenden ein Paar Worte zu sagen. 1) Man gebe der Note, die einen Triller haben sollte, oder haben könnte, einen bloßen einfachen a) Vorschlag; oder 2) man verwandele sie, mit Beyfügung anderer zur Harmonie gehöriger Noten, in eine b) Figur; oder 3) man bringe einen c) Doppelschlag auf derselben an, welcher durch dieses Zeichen ∾ über der Note angedeutet wird.

72   IV. Cap. Vom guten Vortrage,

§. 27.

Auch in andern Fällen vertritt der Doppelschlag die Stelle des Trillo mit dem glücklichsten Erfolge; wie er denn bey den Singcomponisten immer unter dem Zeichen *tr.* mit begriffen ist. In der sogenannten *) Trillerkette, (catena de' trilli), wenn sie mit einiger Geschwindigkeit gemacht werden soll, thun die Doppelschläge eben so viel Wirkung, als die wirklichen Triller. Eben so verhält es sich in folgenden Exempeln:

*) Man sehe davon den §. 10. der 12ten Section im ersten Theile nach. Ich habe dabey noch die Erinnerung zu machen, daß die aufsteigende Scale dazu besser und bequemer sey, als die absteigende; höchstens können es in dieser nur zusammen gezogene Pralltriller seyn; und von dieser ist es auch nur zu verstehen, wenn dort gesagt wird, daß der Nachschlag dabey lieber weggelassen werden könne.

in Ansehung der Manieren. 73

Einige Componisten nehmen sich die Mühe diese Doppelschläge mit Noten auszuschreiben. Z. E.

in Achteln.   in Vierteln.

Dieß giebt Gelegenheit zu der Anmerkung, daß der Doppelschlag nur in geschwinder Bewegung aus vier gleichen Noten bestehe, da hingegen, in langsamer Bewegung, die erste und zweyte Note geschwinder als die dritte und vierte genommen werden.

Außerdem findet der Doppelschlag noch über verschiedenen Noten, sowohl in a) Stufen, als in b) Sprüngen Statt; auch wenn eine Note mehrmal auf einem Tone c) wiederholt wird, kann auf jeder ein Doppelschlag angebracht werden. Wenn drey Noten nach einander d) aufwärts gehen, so pflegt die mittelste immer durch einen Doppelschlag belebt zu werden.

II. Theil.   K   b)

74 IV. Cap. Vom guten Vortrage,

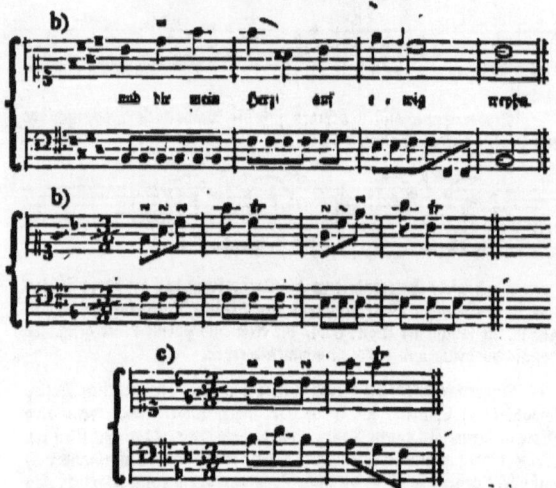

Hasse bezeichnet den Anfang einer kleinen allerliebsten Ariette in der Oper: l' Asilo d'amore folgender Gestalt, und man empfindet leicht, daß er nichts, also solche Doppelschläge gemeynt habe.

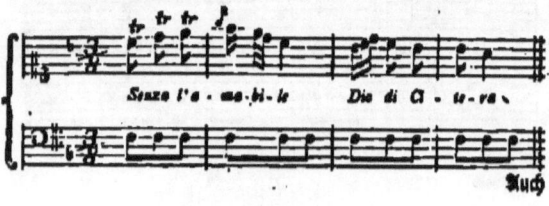

Auch

in Ansehung der Manieren. 75

Auch zwischen zwoen Noten, die einen Sprung nach der Höhe enthalten, kann ein Doppelschlag angebracht werden, wenn das Zeitmaaß etwas langsam ist. Man findet ihn sogar zwischen punctirten Noten von Componisten bisweilen vorgeschrieben.

Das letzte Exempel dürfte doch manchem Sänger ein wenig sauer werden, so wie auch der prallende Doppelschlag, wie ihn Bach nennt. Der Sänger kann sich auch allenfalls mit dem bisher erklärten Doppelschlage begnügen, und den prallenden, der nur dieß besondere hat, daß er die ersten beyden Noten mit der größten Geschwindigkeit und Schärfe, zweymal hören läßt, den Clavierspielern überlassen.

§. 28.

Nun noch ein Wort von der Bebung, die darinne besteht, daß man einen lange aushaltenden Ton nicht ganz fest stehen, sondern

etwas

76 IV. Cap. Vom guten Vortrage,

etwas schwanken und schweben läßt, ohne daß er dadurch höher oder tiefer wird. Auf besaiteten Instrumenten ist es am leichtesten durch das Hin- und Herwanken des Fingers, der auf der Saite steht, zu machen. Für den Sänger, wenn er es blos mit der Kehle hervorbringen will, hat es mehr Schwierigkeit; einige erleichtern sich dasselbe mit der Bewegung des untern Kinnbackens. Carestini that es oft, und immer mit sehr gutem Erfolge.

§. 29.

Die bisher erklärten Manieren sind ein wesentliches Stück des guten Vortrages, und um soviel mehr der Aufmerksamkeit eines Sängers werth, da er, wenn er sie mit Verstande zu brauchen, und mit Leichtigkeit vorzutragen weiß, gewiß seyn kann, mit seinem Gesange Eindruck zu machen. Es ist nicht möglich alles zu sagen, und mit Worten oder Noten vorzustellen, worauf Geschmack und Empfindung einen guten Sänger führen können. Aus der Anhörung eines solchen wird man noch vieles lernen können, und vieles, was im Buche dunkel scheint, deutlicher einsehen. Auch gute Instrumentisten versäume man nicht zu hören; ob sie gleich, in Ansehung des Gebrauchs der Manieren, nicht so ganz Muster für den Sänger seyn können. Die Beschaffenheit ihres Instruments fodert vieles, was der Sänger nicht nöthig hat. Dieser kann seinen Ton so lange halten, als es ihm beliebt, kann ihn an Stärke wachsen oder abnehmen lassen, welches nicht mit allen Instrumenten so leicht zu bewerkstelligen, mit einigen auch ganz unmöglich ist. Dieser Unvollkommenheit sucht man durch einen häufigern Gebrauch verschiedener Manieren abzuhelfen. Und wenn auch dieß nicht wäre, so ist es doch gewiß, daß der Ton, der aus der lebendigen Brust des Menschen mit Geist und Empfindung herausströmt, von weit unwiderstehbarer Gewalt ist, als der Ton des vollkommensten Instruments. Setzt man nun noch die Worte hinzu, wodurch der Sänger seinen Tönen die bestimmteste Bedeutung geben kann,

in Ansehung der Manieren.

kann, so ist weiter kein Zweifel übrig, daß die menschliche Stimme den Vorzug vor allen Instrumenten verdiene. Der Sänger muß daher nicht soviel Schimmer über seinen Gesang verbreiten, als der Instrumentist zu thun genöthigt ist. Simplicität, die nicht ins Steife und Plumpe ausartet, sey der Hauptcharacter seines Vortrages. Er suche mehr verstanden und empfunden, als bewundert und angestaunt zu werden. Vor allen Dingen bemühe er sich, den Laut, die Stärke und Schwäche der Stimme recht in seine Gewalt zu bekommen, so wird er, wie Agricola *) sagt, vieler Noten überhoben seyn können, mit denen andere Instrumentisten nicht allein den Mangel der Worte, sondern auch, zum Theil, die eingeschränkte Gewalt über die Dauer oder die Stärke und Schwäche ihres Klanges zu ersetzen suchen müssen.

*) Tosi's Singekunst S. 122.

Fünftes

Fünftes Capitel.
Ueber den guten Vortrag, in Ansehung der Paßagien.

§. 1.

Das Kunstwort Paſſagie iſt vom italiäniſchen paſſagio entlehnt, welches einen Durchgang bedeutet. In der Anwendung auf die Muſik wird auch nichts anderes darunter verſtanden, als wenn, gleichſam unter dem Schutze einer harmoniſchen Note, noch zwey bis drey andere mit durchgehen. Man kann es auch durch Uebergang überſetzen. Und vielleicht ſind die Paſſagien auf eine dieſem Worte entſprechende Art entſtanden, indem man bey vorkommenden Sprüngen, die dazwiſchen liegenden Töne mit hören ließ, und folglich nicht von einer Note zur andern ſprang, ſondern durch Stufen hinüber gieng. In dieſem Sinne machen zwey bis drey Noten, die für eine ſtehen, ſchon eine Paſſagie aus; ob man gleich insgemein eine zuſammen hängende, und öfters aus vielen Tacten beſtehende Reihe zwey- drey- und viernotiger Figuren, nur mit dieſem Namen zu benennen pflegt. Das Wort Figur iſt ſodann das bequemſte, die einzelnen Theile einer ſolchen Paſſagie zu bezeichnen. Einige Tonlehrer bedienen ſich auch des griechiſchen Worts Melisma, ſowohl Figur als Paſſagie damit anzudeuten; wiewohl ſie das letztere auch bisweilen durch meliſmatiſche Dehnung bezeichnen.

§. 2.

Dieſe Paſſagien nun, mit denen ſo mancher Sänger und Sängerinn Aufſehen gemacht haben und noch machen, haben immer ihre großen Bewunderer, aber auch viele Verächter und Widerſacher gefunden. Es iſt hier der Ort nicht den Proceß zu formiren, und den Ausſpruch darüber zu thun. Aber das läßt ſich ohne Partheylichkeit ſagen, daß auf beyden Seiten die Gränze überſchritten werde, wenn man auf der einen keinen Geſang

in Ansehung der Passagien.

Gesang schön findet, als der immer im Galop Bergauf und ab rennt; dagegen auf der andern nur immer Ton für Ton, mit Sylben beladen, schwerfällig einhergehend verlangt. Die Passagien sind freylich nicht die wesentlichste Schönheit des Gesanges. Es kann ein Gesang schön seyn ohne alle Passagien; dagegen dürfte ein aus lauter krausen Figuren bestehender Gesang wohl schwerlich jemanden gefallen. Zur Rührung des Herzens tragen die Passagien gleichfalls wenig bey; sie sind meistentheils weiter nichts, als das Mittel, wodurch ein Sänger die besondere Geschicklichkeit und Fertigkeit seiner Kehle zeigt. Durch Begünstigung also sind sie so sehr Mode und so beliebt geworden, daß es freylich dem wahren guten Gesange sehr nachtheilig seyn würde, wenn die Kunst Passagien zu machen immer noch mehr überhand nehmen, und jenes vortreffliche Talent, auch ohne Passagien schön zu singen, endlich gar verdrängen sollte. Der Mißbrauch, der heut zu Tage damit getrieben wird, ist allerdings sehr groß, nicht allein auf dem italiänischen, sondern auch leider schon auf dem deutschen Theater. Am unleidlichsten ist dieser Mißbrauch in der Kirche, und es fehlt doch nicht an ärgerlichen Beyspielen, wenn man die geistlichen Cantaten einiger Kirchencomponisten nachsieht. Ob nun gleich gegen diese Mißbräuche nicht genung geeifert werden kann, so würde es doch unrecht und übertrieben seyn, wenn man den Gebrauch der Passagien ganz aus der Singemusik verbannen wollte. Die Musik fodert Mannichfaltigkeit und Abwechselung; die Passagien sind zur Erreichung derselben immer ein gutes Mittel, wenn sie mit andern simplern und blos declamirenden Stellen vereinigt sind. Den größten Theil eines Stücks müssen sie nicht ausmachen; aber ihnen gar keinen Antheil gönnen wollen, wäre, wo es nicht Ausdruck und Leidenschaft gladerdings verbieten, ein wenig zu streng. Die Geschicklichkeit des Sängers kömmt, bey Aufführung eines Singstücks, allemal mit in Rechnung; und man muß ihm die Gelegenheit nicht nehmen wollen, zu zeigen, wie weit es mit der menschlichen Stimme, durch Fleiß und Uebung, auch in diesem Stücke, zu bringen sey. Nur suche er nicht auf Unkosten

V. Cap. Ueber den guten Vortrag,

koſten der Leidenſchaft zu glänzen, und das durch Paſſagien zu erſetzen, was er im empfindſamen Vortrage vernachläßigt.

§. 3.

Da nun, mit gehöriger Einſchränkung, die Paſſagien immer für eine Schönheit im Geſange gehalten werden können, ſo verdienen ſie auch, mit allem Fleiße, ſtudiert und geübt zu werden. Gelegenheit dazu iſt ſchon in der 13ten Lection des erſten Theils dieſer Anweiſung gegeben worden; allwo auch die meiſten gebräuchlichen Figuren, aus welchen die größern Paſſagien zuſammen geſetzt werden, mit ihren Benennungen, und ihrer Geſtalt nach vorgeſtellt worden ſind. Man mache ſich damit bekannt, wenn es nicht ſchon geſchehen iſt, weil man vieles, was ferner über die Paſſagien geſagt werden ſoll, beſſer verſtehen, auch bey willkührlicher Veränderung eines Geſanges, oder in Cadenzen, ſelbſt dergleichen zuſammen zu ſetzen lernen wird. Da zum guten Vortrage der Paſſagien nicht allein eine ſehr fertige und geläufige Kehle, ſondern auch eine ſtarke und feſte Bruſt erfodert wird, aber nicht alle Sänger gleiche Gaben von der Natur erhalten haben; ſo ergiebt ſich von ſelbſt; daß nicht jeder Sänger auf alles das in gleichem Grade Anſpruch machen müſſe, was er an einem andern bemerkt und bewundert. Gleichwohl hatte die Begierde Paſſagien zu ſingen, ſo ſehr die Köpfe ſeit einiger Zeit eingenommen, daß nichts der Sache einigen Einhalt thun konnte, als ein anderes noch unbedeutenderes Beſtreben, bis ins dreygeſtrichene f und g zu ſingen. Weder in einem noch dem andern Stücke wird man ſeinen Zweck, und den gehörigen Grad der Vollkommenheit erreichen, wenn die Natur nicht, durch eine glückliche Anlage, dazu vorgearbeitet hat. Inzwiſchen iſt es doch immer beſſer, durch Fleiß und Uebung etwas erlangt zu haben. Sollte es aber auf dieſem Wege gar nicht fortwollen; nun ſo wähle man einen andern, da, wie Mancini ſagt *), in der Kunſt des Singens es

viele

*) In queſta profeſſione le vie ſono molte, varj ſono i generi ed i carratteri, per giungere al deſiderato onore d'eſſere un ottimo, un egregio virtuoſo.

In Ansehung der Passagien.

diese Wege, mancherley Arten und Manieren giebt, zu der gewünsch-
ten Ehre eines guten und vortrefflichen Virtuosen zu gelangen.

§. 4.

Die ganze Schönheit der Passagien besteht darinn, daß sie vollkommen rein intonirt, gestoßen, rund und deutlich, egal, articulirt,
und geschwind sind. So sagt Tosi *). Er hätte nur, deutlich
und rein, sagen dürfen, weil sich alles, was in der Musik schön seyn
soll, auf diese beyden Haupteigenschaften muß zurück führen lassen.
Ehe wir weiter davon reden, müssen wir noch einen Blick auf die Figuren werfen, aus denen die Passagien zusammen gesetzt werden. Sie
sind der Tacteintheilung nach entweder zwey- oder dreygliedrig; der
Gestalt nach laufend, springend, vermischt, syncopirend; bisweilen
werden auch kurze Vorschläge dazwischen angebracht. Ihr Vortrag ist
entweder geschleift oder gestoßen; auch Stärke und Schwäche kommt
dabey in Betrachtung.

§. 5.

Unter den dreygliedrigen Figuren werden die sogenannten Triolen verstanden; alle übrigen gehören zu den zweygliedrigen. Laufende
Figuren sind, die in Secunden fortschreiten, und nun wird man von
selbst einsehen, was springende und vermischte sind. Zum Ueberflusse
mögen einige Beyspiele darüber eine Erläuterung geben.

*) Anleitung zur Singkunst. S. 133.
II. Theil.

82   V. Cap. Ueber den guten Vortrag.

Alle diese Figuren können in andern Tactarten in größern und kleinern Noten zum Vorschein kommen; die vorgeschriebene Bewegung bestimmt, ob sie geschwinder oder langsamer vorgetragen werden sollen.

§. 6.

Es giebt überhaupt zwo Arten, diese Figuren, und die daraus zusammen gesetzten Passagien heraus zu bringen; die eine besteht im Schleifen, die andere im Abstoßen. Jene findet hauptsächlich in langsamen, zärtlichen und traurigen, diese aber in geschwinden und feurigen Sätzen statt. Im geschleiften Vortrage wird der Vocal, der bey der ersten Note auszusprechen ist, ohne Wiederholung bey den folgenden Noten, in einem Athem fort gehalten; so wie ein Violinist eine gewisse Anzahl Noten auf einen einzigen Bogenstrich zusammen nimmt. Undeutlich müssen indeß die Töne nicht werden, sondern es muß jeder rein zum Gehöre kommen. In geschwinden Sätzen erstreckt sich das Gebiet des schleifenden Vortrags nur auf wenige Noten, die noch dazu lieber ab- als auffsteigend seyn müssen. Folgende Figuren thun auch in geschwinder Bewegung gute Wirkung, wenn sie geschleift vorgetragen werden:

Wenn

in Ansehung der Passagien.

Wenn die Figur der Triolen umgekehrt ist; d. i. wenn die zweyte Note um eine Stufe tiefer steht als die erste und dritte, so müssen sie mehr gestoßen als geschleift werden.

§. 7.

Wenn die Fortschreitung der Passagie durch halbe Töne geht, so findet kein anderer, als der schleifende Vortrag dabey statt. Will man es mit einem andern Namen belegen, und ziehen nennen, so kann man das geschehen lassen.

Folgende Art von Passagien wird gleichfalls schleifend, doch mit einigen abgesetzten Noten untermischt, vorgetragen.

§. 8.

V. Cap. Ueber den guten Vortrag.

§. 8.

Das Abstoßen der Paßagien geschieht auf der Violin mit Wiederholung des Bogenstrichs, wenn jede Note einen eigenen kurzen Strich bekommt. Auf blasenden Instrumenten wird es vermittelst der Zunge bewirkt. Der Sänger, der dieses Abstoßen durch keinen Bogenstrich hervorbringen kann, darf auch dazu die Zunge nicht brauchen; diese muß vielmehr sich ganz ruhig im Munde verhalten. Bey ihm kommt es darauf an, daß er den Vocal, mit welchem die Paßagie gesungen werden soll, bey jeder Note, gelinde wiederholt, so daß immer eine von der andern abgesondert zum Gehör kommt. Er muß z. E. so viele a nach einander geschwind aussprechen, als Noten in der Paßagie sind. Doch muß er sich hüten, daß aus dem a kein ha oder ga werde. Diese letzte Art Paßagien heraus zu bringen, ist nur den Hühnern erlaubt; weßwegen es die Italiäner auch ein Gackern (scagateata) zu nennen pflegen. Daß der Vocal immer rein und derselbe bleiben müsse, ist so gewiß, daß es ein anstößiger Fehler bey Sängern ist, die während einer Paßagie alle fünf Vocalen durch einander hören lassen. Wie mit den Doppelvocalen zu verfahren sey, wird man aus der Einleitung des ersten Theils schon wissen: man spricht sie getheilt aus, so, daß man alle Noten der Paßagie auf dem ersten Vocale singt, und den zweyten mit der letzte Note hinzu nimmt.

Da diese Art Paßagien zu singen viel Uebung, und eine gute Brust erfodert, so ereignen sich dabey mancherley Unbequemlichkeiten, wenn es dem Sänger entweder an einem oder dem andern fehlt. Es bleiben entweder Töne aus, oder werden nicht rein genug angegeben. Bey andern Sängern, die sich Zwang anthun müssen, bekommt die Luft im Munde eine falsche Reflexion, da sie entweder an den Gaumen anstößt, oder durch die Nase kommt. Vor diesen Fehlern wird ein Sänger nie sicher seyn, der bey Uebung der Paßagien weiter an nichts denkt, als daß sie geschwind vorgetragen werden sollen. Sicherer geht der, der alle Paßagien erst langsam vornimmt, und auf alles,

was

in Ansehung der Passagien.

was zum guten Vortrage derselben gehört, genau Achtung giebt; sodann immer ein wenig geschwinder damit fortfährt, bis er den Grad von Geschwindigkeit erreicht hat, den sie haben sollen. Gewiß ist es, daß es nicht alle Sänger darinne zu gleicher Fertigkeit bringen werden, weil die Natur nicht allen gleiche Gaben verliehen hat. Es giebt so steife Kehlen mit unter, deren Vortrag durchaus so schleppend ist, daß dem Zuhörer bange dabey wird, wenn sie anfangen Passagien heraus zu quälen. Andere fangen frisch an; aber sie ermüden in kurzer Zeit, und ihre Passagien werden stumpf, indem es ihnen vielleicht an der dazu erfoderlichen Stärke der Brust fehlt, oder sie die Vortheile nicht in Acht nehmen, wodurch sie die Brust mehr schonen, und den Athem mehr sparen können. Es ist an einem andern Orte über die Nothwendigkeit sich mit Athem zu versehen, und keine Gelegenheit dazu vorbey gehen zu lassen, das Nöthigste gesagt worden. Wenn indeß einige Sänger so ängstlich thun, wie die Engbrüstigen, und alle Augenblicke so mühsam Athem nehmen, daß den Zuhörern selbst dabey Angst wird, so ist das eben so schlimm, als wenn andere so lange in einem Athem fortsingen, bis sie roth und braun im Gesicht werden. Die, die zum Athemholen sich Zeit nehmen müssen, lassen wohl gar eine Handvoll Noten aus, oder kommen darüber aus dem Tacte; das ist das schlimmste von allem.

§. 9.

Wir wollen uns hier mit Vorstellung solcher Passagien, die gestoßen werden müssen, nicht aufhalten. In der dreyzehnten Lection des ersten Theils ist davon ein hinlänglicher Vorrath vorhanden. Daß es zur Bequemlichkeit des Sängers beytrage, und auch dem guten Vortrage nicht schade, wenn nicht alle Töne mit gleicher Schärfe abgestoßen, sondern bisweilen ein Paar an einander geschleift werden, wird niemand in Abrede seyn, der da weiß, daß diese Art des Vortrags sogar Regel für die Instrumentisten gewisser Kapellen ist. Dieser gemischte Vortrag der Passagien bringt bey den Violinspielern eine

L 3   Mannich-

V. Cap. Ueber den guten Vortrag,

Mannichfaltigkeit von Bogenstrichen hervor, die ein Sänger sich mit Nutzen bekannt machen kann. Die Wirkung ist sehr verschieden, nachdem verschiedene Noten geschleift oder abgestoßen werden. Man versuche es, um sich zu überzeugen, nur mit folgenden Triolen:

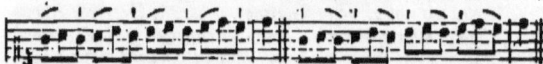

In den viergliedrigen Figuren haben wir schon einige kennen gelernt, die geschleift werden. Es wird nichts daran verdorben, wenn man die dritte und vierte Note in diesem Falle mehr stößt, als schleift; oder umgekehrt, die ersten zwo Noten schleift, wo sie gestoßen werden sollten. Darauf aber hat man zu sehen, daß die erste Note immer vollkommen rein sey, weil gewiß die darauf folgenden es nicht seyn werden, wenn es diese nicht ist. Ferner muß diese erste Note genau in der Zeit des Tacttheils eintreten, auf welchem sie steht, weil man sonst in Gefahr geräth wider den Tact zu fehlen, entweder durch Eilen oder durch Schleppen. Es ist daher nöthig immer der ersten Note einen kleinen Nachdruck zu geben, und die folgenden schwächer nachkommen zu lassen.

Läuft eine Passagie aber durch mehr als vier Töne fort, es sey im Auf- oder Absteigen, so muß jede Note gestoßen werden:

in Ansehung der Passagien.

Gewisse andere, mit Sprüngen vermischte Passagien müssen punctirt und zugleich geschleift vorgetragen werden:

Dieß Exempel ist so niedergeschrieben, wie es herausgebracht werden muß. Man stelle sich aber vor, daß es ohne Puncte und Bogen da stünde, weil man es meistentheils nicht anders auf dem Papiere finden wird.

Noch eine andere Art von Passagie will ich hier anmerken, die eigentlich geschleift vorgetragen werden muß; doch so, daß die erste Note vor vieren immer einen kleinen Absatz bekommt:

§. 16.

V. Cap. Ueber den guten Vortrag.

§. 10.

Ein kurzer Vorschlag, oder Mordent, wie ihn die wälschen Sänger nennen, kann nur zwischen vier Noten, von denen wenigstens die drey letzten sich stufenweis abwärts bewegen müssen, vor der dritten Note, wenn die Bewegung nicht sehr geschwind ist, angebracht werden.

In andern Fällen, vor Triolen u. d. g. pflegen sie von dem Componisten selbst vorgeschrieben zu werden; und wie man damit zu verfahren hat, ist bey Gelegenheit der Vorschläge in diesem Buche ausführlich gesagt worden.

§. 11.

Die syncopirenden Passagien, sie mögen nun in der Vorausnahme der folgenden, oder dem Aufhalten der vorhergehenden Note bestehen, haben das eigene, daß immer die Note, die zwischen den Tacttheilen eintritt, etwas stärker angegeben als nachgehalten wird; doch muß der Ton so fest gehalten werden, daß man nicht zwo Noten für eine auf demselben Tone zu hören bekommt.

dal bar - - - - - ba-ro fa - rer.

Das tempo rubato, wie es die Italiäner nennen, ist nichts anderes als ein solches Vorausnehmen oder Verzögern des Tons von einem

in Ansehung der Paſſagien.

einem Tacttheile auf den andern. Man ſtiehlt gleichſam dem einen Tone etwas von ſeiner Zeit, um es dem andern zu geben. Zur Abänderung des Vortrags, auch zu mehrerm Nachdrucke, iſt es ſehr dienlich, und findet nicht allein in Paſſagien, ſondern auch im Sprechen der Worte ſtatt. Nur muß der Sänger, wenn er es in einer Stelle anbringt, genau auf den Tact merken, damit er nicht früher oder ſpäter damit zu Ende kommt.

§. 12.

Der Sänger, der gern mit Empfindung ſingt, findet ſeine Rechnung nicht ſehr bey langen und bunten Paſſagien. Eine Arie kann ſchön ſeyn, ohne alle Paſſagien, und es giebt deren genug. Wenn indeß kein Mißbrauch damit getrieben wird, ſo ſind ſie ſo ſchlechterdings nicht zu verwerfen. Sie dienen nicht allein dem Sänger, daß er ſeine Geſchicklichkeit in Herausbringung derſelben zeigen kann; ſondern bringen auch mehr Lebhaftigkeit und Schimmer in ein Singſtück, zu ge-

V. Cap. Ueber den guten Vortrag.

schweigen, daß durch dieselben ein Stück leicht zu einer gewissen Länge ausgedehnt, und mehr Mannichfaltigkeit und Abstechendes in dasselbe gebracht werden könne. In Beziehung auf die Leidenschaften bedeuten sie freylich selten viel, und ein verständiger Componist wird sich allerdings hüten, sie in Arien, die einen hohen Grad der Traurigkeit, des Zorns u. d. g. enthalten, anzubringen. In zärtlichen, fröhlichen und sententiösen Arien finden sie am meisten statt; und der Sänger hat sich im Vortrage derselben nach dem Hauptcharacter des Stücks zu richten, daß er sie in zärtlichen Ausdrücken mit Annehmlichkeit und gemäßigtem Tone, über fröhlichen und sententiösen Worten aber mit Kraft und Nachdruck herausbringe. Kleine Abfälle vom Starken zum Schwachen finden dabey allerdings statt; doch kommt es damit mehr auf die Empfindung und den Geschmack des Sängers an, als daß sich feste Regeln darüber geben ließen. Um die Stimme bey allen Gelegenheiten in der Gewalt zu haben, ist es auch beym Studiren der Passagien nöthig, daß man sie in verschiedenen Graden der Stärke und Schwäche herausbringen lerne. Am meisten hüte man sich vor den dabey vorkommenden sehr gewöhnlichen Fehlern, des Schleppens oder Eilens, ingleichen der unreinen Aussprache des Vocals, über welchem die Passagie gesungen wird. Es giebt Sänger, die uns in einem a alle fünf Vocalen durch einander hören lassen; ein Fehler der Unachtsamkeit, der durch nichts zu entschuldigen ist.

§. 13.

Bey der heut zu Tage so sehr eingerissenen Seuche Passagien zu singen, stößt öfters ein Sänger auf solche, die er für seine Kehle nicht bequem findet. Der beste Rath ist allerdings, daß er sie so lange übt, bis er sie in seine Gewalt bekommt. Sollte aber dennoch etwas übrig bleiben, daß er es nicht wagte sich damit bloß zu stellen, so suche er eine Figur mit einer andern gleichgültigen, und für seine Kehle bequemern zu vertauschen. Ich will hier einige hersetzen, unter denen man nur zu wählen hat, wenn nicht etwan das Accompagnement der

Instru-

in Ansehung der Passagien.

Instrumente grade die vorgeschriebene Figur fodert; welches nur in dem Falle ist, wenn die Instrumente die Passagie Note für Note mitspielen. Alsdann aber kann der Sänger sie auch eher wagen, weil er hinlänglich unterstützt wird.

VI. Cap. Vom guten Vortrage, in Ansehung

Sechstes Capitel.
Vom guten Vortrage, in Ansehung der verschiedenen Gattungen von Singstücken, und an verschiedenen Orten.

§. 1.

Man verlange nicht, daß hier alle Gattungen von kleinern oder größern für den Gesang geschriebenen Stücken nahmhaft gemacht werden. Da sie nicht alle von gleicher Wichtigkeit sind, so ist es auch nicht nöthig, von allen mit gleicher Ausführlichkeit zu reden. Ein Lied, eine Ariette, die man beym Claviere unter guten Freunden singt, erfodert die Aufmerksamkeit nicht, die man auf den Vortrag einer großen ausgeführten Arie, womit man sich hören läßt, zu verwenden hat. Wir wollen also nur über diejenigen Singstücke einige Anmerkungen machen, mit denen ein Sänger, zu gewissen Zeiten, und an verschiedenen Orten, als wirklicher Sänger, auftritt.

§. 2.

Es kommen Gelegenheiten, wo ein Sänger genöthigt ist, ohne Vorbereitung vom Blatte zu singen; von diesem muß man nicht alle die Genauigkeit und Feinheit erwarten, die man von einem andern zu fodern berechtigt ist, der Zeit gehabt hat seinen Gesang zu studieren. Ein solcher unvorbereiteter Sänger thut schon genug, wenn er den Zuhörern, nächst der reinen Intonation und der strengsten Tactrichtigkeit, die wesentlichsten Schönheiten des Gesanges nicht ganz entziehet. Unsere deutschen Virtuosen haben darinne einen Vorzug vor den italiänischen; und die Ursache mag wohl diese seyn, daß sie sich, neben dem Gesange, die Erlernung eines oder des andern Instruments mehr angelegen seyn lassen; außerdem, daß in den meisten unserer Schulen die sogenannten Choralisten so viel mit einander zu singen haben,

der verschiedenen Gattungen von Singstücken.

beit, daß sie nicht immer Zeit übrig behalten, sich darauf vorzubereiten. Die Geübtern ziehen die Schwächern mit sich fort; und wenn sie dadurch auch nicht die größten Sänger werden, so hilft es doch soviel, daß sie nicht vor jedem Notenblatte erschrecken, das ihnen zum erstenmale zu Gesichte kommt. Gute feste Chorsänger sind dadurch zu erhalten, und diese werden in unsern Schulen wohl gezogen; obgleich die Einrichtung zu Bildung guter Solosänger nicht die beste ist.

§. 3.

Der Ort, wo ein Sänger auftritt, ist entweder die Kirche, die Kammer, oder das Theater. Jeder dieser Plätze fodert einige Rücksicht vom Sänger. Sowohl die Weitläuftigkeit als auch die Ehrwürdigkeit des Orts verbinden ihn zu einer eigenen Observanz, oder verbieten ihm Dinge, die an einem andern Orte nicht allein zugelassen, sondern sogar nothwendig sind. Die Kirche fodert in allem eine edle Ernsthaftigkeit, die der Heiligkeit des Orts angemessen ist. Ein Sänger muß da nicht mit einer eiteln Fertigkeit der Kehle, mit üppigen und bunten Verzierungen, mit witzelnden und affectirten Einfällen pralen wollen. Er muß empfinden, was er zu singen hat, und es mit wahrer Empfindung vortragen; er muß allen Schmuck der Kunst verschmähen, wenn er zur Erhöhung des Gefühls nichts beyträgt, oder wohl gar derselben nachtheilig ist. Man kennt diese Kunst am besten, wie Tosi sagt, aus einer überzeugenden Empfindung der Wahrheit, daß man zu Gott redet.

§. 4.

Von allen Absichten, die ein Sänger haben kann, würde keine einzige erreicht werden, wenn seine Worte nicht verstanden würden. Wenn demnach eine reine, deutliche, und dem Gesange nicht nachtheilige Aussprache eine der vornehmsten Pflichten eines Sängers ist, so hat derselbe um sovielmehr seine Aufmerksamkeit darauf zu richten, je größer und weitläuftiger der Platz ist, auf welchem er singt. Nicht ein

VI. Cap. Vom guten Vortrage, in Ansehung

ein stärkeres Angreifen und Uebertreiben der Stimme macht, daß ein Sänger an großen Orten gehört und verstanden wird. Eine reine, egale und feste Stimme, wenn sie auch ein wenig schwach ist, mit einer recht deutlichen Aussprache verbunden, erreicht diese Absicht weit eher. Der Zuhörer kommt ihr durch eine desto größere Stille zu Hülfe. Uebrigens will ich damit den bequemen und faulen Sängern das Wort nicht geredet haben, die ihrer Lunge wegen so besorgt sind, daß sie lieber andere für sich Athem holen ließen.

§. 5.

Wenn Ernsthaftigkeit und Empfindung der herrschende Character des Kirchengesanges sind, so findet beydes zwar, bis auf einen gewissen Grad, auch auf dem Theater und in der Kammer statt; aber an beyden Orten kommt der Sänger in Lagen, in denen er sich noch auf andere Weise zu fassen wissen muß. Auf dem Theater tritt er in dem Character einer gewissen Person auf, die er als handelnd, nicht allein in Worten und Reden, sondern auch in Bewegungen und Geberden, vorstellen soll. Man wird hier wohl keine ausführliche Abhandlung über die Kunst der Action erwarten. Ganz möchte sie sich auch wohl nicht durch Regeln lehren lassen. Eine gewisse natürliche Lebhaftigkeit, die das Characteristische aller Leidenschaften leicht zu fassen und darzustellen weiß; eine genaue Beobachtung guter Muster, auch unter andern Schauspielern, werden die besten Lehrmeister für diejenigen seyn, die Beruf haben, den Schauplatz zu betreten. Ob nun gleich der Character der Person, die Leidenschaft, in welcher sie spricht und handelt, in Ansehung der willkührlichen Auszierungen des Gesanges dem Sänger einigermaßen Gränzen setzen, so ist ihm doch, überhaupt genommen, mehr Schimmerndes erlaubt, als dem Kirchensänger. Die meiste Freyheit, nach der heutigen Verfassung der Musik, hat der Kammersänger, worunter die sogenannten Academien in Italien, die Concerte an Höfen und in Städten verstanden werden. Ehemals mochte bey diesem wohl mehr auf den Ausdruck der Leidenschaften gesehen

der verschiedenen Gattungen von Singstücken.

sehen werden, da es noch Mode war eigene *) Cantaten und Duette für die Kammer zu schreiben; jetzt aber ist es dem Sänger meistentheils nur darum zu thun, seine Geschicklichkeit im Vortrage mechanischer Schwierigkeiten zu zeigen, die das Herz freylich nicht sehr rühren, aber ihm destomehr Bewunderung zuziehen. Und wenn Fertigkeit der Kehle auch ein Verdienst ist, so wäre es ungerecht, wenn nicht wenigstens ein Platz da wäre, auf welchem der Sänger ungestraft dieselbe zeigen kann. Der Gesang schimmert demnach am meisten im Concert; etwas weniger auf dem Theater, wo er dem Ausdrucke der Leidenschaft öfters nachtheilig seyn würde; am wenigsten in der Kirche, weil er da der Würde und der ungekünstelten Einfalt entgegen ist, mit welcher wir zu Gott reden sollen.

§. 6.

Nun soll eine kurze Betrachtung der Singstücke folgen, mit denen ein Sänger an den dreygemeldten Orten am gewöhnlichsten auftritt. Sie sind entweder für eine Stimme allein, oder für mehrere zugleich: zur ersten Classe gehört die Arie, die Ariette, zu welcher sich in unsern Tagen sehr häufig das Rondo gesellt, und das Recitativ; zur zweyten, das Duett, Terzett, Quartett und die Chöre. Alle diese Stücke sind nicht allein in Ansehung der Form von einander unterschieden, sondern sie erfodern auch in Ansehung des Vortrags bald mehr, bald weniger.

§. 7.

Die Form der Arien hat sich, in unsern Tagen, etwas geändert. Sie besteht, dem Texte nach, zwar jetzt noch, wie vormals, aus
zween

---

*) Diese dieser Cantaten und Duette sind mit schwacher oder auch gar keiner Instrumentalbegleitung versehen; so daß sie eigentlich wohl nur in dem Zimmer großer Herren, und nicht vor einer großen Menge von Zuhörern gesungen werden sollten. Heut zu Tage sind die sogenannten Concerte an Höfen und in Städten Mode geworden, in welchen meistentheils Arien und Duette aus Opern gesungen werden; diese Concerte wird man aus wohl unter dem Ausdrucke Kammer und Kammermusik verstehen müssen.

VI. Cap. Vom guten Vortrage, in Ansehung

zween Haupttheilen; aber die Componisten verfahren damit etwas anders, als vor zwanzig Jahren; doch ist die damalige Form deßwegen noch nicht ganz aus der Mode gekommen. Man pflegte sonst im ersten Theile der Arie den dazu bestimmten Text zweymal durchzuarbeiten, so daß vermöge des Schlußes in eine andere Tonart, und eines kurzen Ritornells in der Mitte, wieder zwey Theile aus demselben würden. Die zweyte Abtheilung des Textes bekam sodann ihre eigene, und der hergebrachten, nicht ganz löblichen Gewohnheit zu Folge, immer sehr kurze Abfertigung, worauf sodann der erste Theil ganz, oder zur Hälfte wiederholt ward. Diese Form der Arien war den gelehrten Sängern sehr vortheilhaft. So wie es ihre Pflicht war, zuerst die Arie so vorzutragen, wie sie der Componist niedergeschrieben hatte; so machten sie sich es wiederum bey der Wiederholung zur Pflicht, bey schicklichen Stellen und Gelegenheiten soviel von ihrer eigenen Erfindung über den vorgeschriebenen Noten anzubringen, daß man einerley Sache zweymal zu hören nicht überdrüßig ward, sondern Bewunderung und Hochachtung gegen den Sänger empfand, der die Aufmerksamkeit der Zuhörer nicht schlaff werden ließ, vielmehr aufs neue anzuspannen wußte. Die jetzt gewöhnliche Form der Arien, wenn es nicht ein Adagio oder Cantabile ist, giebt dem Sänger weniger Veranlassung, etwas Eigenes zu zeigen, weil jeder Absatz des Gesanges nur einmal gehört wird, und man also nicht wüßte, ob es Erfindung vom Componisten oder vom Sänger wäre. Es pflegt nämlich der erste Theil des Textes einmal ausführlich durchgearbeitet zu werden; worauf sogleich der zweyte in eben demselben, oder mit verändertem Zeitmaaße, auch sonst mit etwas contrastirender Begleitung, folgt; bis der erste, dem Anfange in allem ähnlich, nur mit etwas veränderter Modulation, noch einmal vorgenommen, und damit der Beschluß gemacht wird. Diese Form der Arien scheint vor der ältern einen Vorzug zu haben, weil man immer zufrieden seyn kann, wenn man den wichtigsten Theil der Worte zweymal, (kleine zufällige Wiederholungen ungerechnet,) zu hören bekommt; da er hingegen in der andern

der verschiedenen Gattungen von Singstücken. 97

andern Form wenigstens viermal hergesagt wird. Die melismatischen Dehnungen, zu denen ehemals die Componisten nur die Anlage machten, und die Ausbildung dem Sänger überließen, werden nun meistentheils so ausführlich, und in so mancherley Gestalten niedergeschrieben, daß ihm selten mehr zu thun übrig bleibt, als zu singen, was da steht; wenn er nicht etwan, Bequemlichkeit halber, eine Figur mit der andern vertauscht.

§. 8.

Die verschiedenen Gattungen der Arien sind schon im Anhange des ersten Theils dieser Anweisung zum Singen im §. 10. angezeigt worden. Es ist daselbst des Rondo nicht gedacht worden, das in unsern Tagen sich sehr beliebt gemacht hat, und folglich sehr Mode geworden ist. Es pflegt aus einem kurzen Hauptsatze zu bestehen, der drey bis viermal in derselben Tonart wieder vorkommt, nachdem man jedesmal einige Zeilen, mit einer andern Melodie, und in einer angränzenden Tonart, dazwischen gehört hat. Im Deutschen haben wir ein gutes Muster im Walder des Herrn Benda, an dem Gesange: Selbst die glücklichste der Ehen. In der italiänischen Sprache haben Sacchini, Naumann, Bach, Paesiello u. a. einige sehr reizende gemacht. Sie gehören zu der Gattung der zärtlichen Arien, deren Bewegung immer mehr langsam als geschwind ist, und fodern im Vortrage mehr Feinheit des Geschmacks, als einen an Veränderungen reichen Geist.

§. 9.

Auf den guten Vortrag der Arien kommt bey einem Sänger, der sich in Credit setzen will, alles an. Sie sind daher der Hauptgegenstand im Studiren des Gesanges, wobey niemals zuviel Aufmerksamkeit und Fleiß angewandt werden kann. Sie allein machen den tiefen, bleibenden Eindruck auf den Zuhörer, daß er sich noch lange des Vergnügens erinnert, das er bey Anhörung derselben empfand. Sie allein verschaffen dem Sänger den Ruhm eines Mannes von Einsicht

VI. Cap. Vom guten Vortrage, in Ansehung
und Gelehrsamkeit, wenn er im Auszieren und Verändern derselben
Kenntnisse zeigt, die man ohne eine genaue Bekanntschaft mit der
Theorie der Musik nicht besitzen kann. Ueber dieses Auszieren und
Verändern der Arien soll zum Schlusse ein eigenes Capitel folgen; daß
also das, was hier über den Vortrag der Arien gesagt wird, nichts
weiter in sich begreift, als die kleinen nothwendigen Verschönerungen,
die unter dem Namen der Manieren schon in den vorhergehenden Ca-
piteln erklärt sind; und diejenige feine Beurtheilung, vermöge welcher
man, nach Beschaffenheit des Orts und der Umstände, mehr oder weniger davon anbringt.

§. 10.

Der Unterschied des Kirchen- Kammer- und Theaterstils ist
schon alt; und nicht allein der Componist, sondern auch der Sänger
hat sich nach diesem Unterschiede zu bequemen. Auf der Schaubühne
muß der Gesang lebhaft und glänzend, in der Kammer mehr studirt
und feiner, in der Kirche aber affectvoll und ernsthaft seyn. Der
Sänger präge sich diese Worte tief ins Gedächtniß; er studire sodann
seine Arie, wenn er vorher sich den Text, mit allen seinen Energien,
mit allen grammatischen und oratorischen Accenten bekannt gemacht
hat; er bringe soviel von den ihm geläufigen Manieren dabey an, als
der Ort, wo er singt, der Affect, in welchem er singt, und der gute
Geschmack ihm erlauben; er suche nicht allein den erfoderlichen Grad
der Stärke und Schwäche der Stimme, nach Beschaffenheit des Orts,
zu treffen, sondern er bemühe sich auch, den Ton der Stimme dem
Affecte so anzupassen, daß dieser dem Herzen grade das, und nichts
anderes sagt, als was die Worte dem Verstande sagen. Große und
schwere Anfoderungen für einen Sänger! Ja, meine Freunde, es ist
um einen vollkommnen Sänger auch keine Kleinigkeit. Mein lieber
seliger Lehrer Schöttgen pflegte immer zu sagen: „Man kann eher
„zehn gute — herausfinden, als einen tüchtigen —." Und ich
sage: „Man kann eher zehn gute — herausfinden, als einen tüch-
„tigen —." Ueber die verdammten Queerstriche! — —

§. 11.

der verschiedenen Gattungen von Singstücken. 99

§. 11.

In der Kirche kommen öfters in Missen, im Te Deum, im Magnificat und in Psalmen Sätze vor, die von einer Stimme alleingesungen werden, und in allem Stücken der Arie und der Ariette ähnlich sind; sie müssen daher auch auf eben die Art behandelt werden, wie eine Arie oder Ariette, die in der Kirche gut vorgetragen werden soll. Man hat sogar schon angefangen Rondo's in die Kirche einzuführen:

as quid in susum
Aut intentatum — — faißet.

Es wäre Thorheit dagegen zu eifern. Die Form des Rondo ist so wenig dem Affectvollen des Gesanges entgegen, als es die Form der Arie ist. Es kommt auf die Behandlung des Componisten, und auf den Vortrag des Sängers an, diese Gattung des ariösen Gesanges entweder in der Kirche zu befestigen, oder auf immer daraus zu verbannen. Wir wollen uns jetzt dabey nicht weiter aufhalten; aber gewiß ist es, daß wenn je der Einfall, ein Rondo in einem Oratorio anzubringen, vortrefflich heißen kann, so ist es der, da der Herr Kapellmeister Naumann, im Giuseppe riconosciuto, die Arie des Tanete:

Se a ciascun l'interno affanno
Si leggesse in fronte scritto,
Quanto mai, che invidia sanno,
Ci sarebbero pietà! etc.

in ein Rondo brachte, das gewiß eins der schönsten ist, das man je gehört hat.

§. 12.

Eine eigene Betrachtung unter den einstimmigen Singstücken fodert das Recitativ, das sowohl in der Kirche, als auf dem Theater und in der Kammer vorkommt; und das man in das einfache und begleitete theilt. In der 14ten Lection des ersten Theils ist davon schon

VI. Cap. Vom guten Vortrage, in Ansehung

schon verschiedenes gesagt, dessen man sich hier wieder erinnern muß. Auf dem Theater wird das Recitativ am geschwindesten gesungen, weil es da die Stelle der gemeinen Rede vertritt. Das Kammer-Recitativ erfoderte sonst, da die Kammer-Cantaten noch Mode waren, eine besondere Kunst im Vortrage. Nicht ausschweifende Manieren und Verzierungen waren es, wodurch der Sänger dasselbe verschönerte; sondern die lebhafteste Theilnehmung an Worten, die insgemein der Ausdruck der stärksten Empfindungen des Herzens waren, brachte eine eigene Art des Vortrags hervor, nach welcher der Sänger alles das tief zu empfinden schien, was er sagte. Das Kirchen-Recitativ ist bis jetzt noch im Besitz eines solchen Vortrags. Es fodert durchgängig eine edle Ernsthaftigkeit, und neben seinem überhaupt langsamern Gange hin und wieder eine längere Aushaltung auf gewissen Tönen, so wie bey andern wieder kräftige Vorschläge. Daß überall das Recitativ ohne Beobachtung des Tacts *) gesungen werde, ist bekannt. Im begleiteten Recitative zwar kommen bisweilen Stellen vor, die der Begleitung wegen, an den Tact gebunden sind, und mit dem beygesetzten a tempo bemerkt werden; der Sänger muß sich dabey in Acht nehmen, daß der Vortrag nicht schülerhaft und steif werde, sondern die Sclaverey des Tacts soviel zu verstecken suchen, als er kann.

§. 13.

Mordenten und Pralltriller finden im Recitative nur selten Platz, ganze Triller gar nicht; dagegen ist der Gebrauch der Vorschläge desto nöthiger. Auf dem Theater muß man mit diesen Zierrathen sparsamer umgehen, als in der Kirche und in der Kammer, um dem Recitative die Gestalt der Rede nicht zu benehmen. Die sogenannten Scenen, wo vor einer empfindsamen Arie immer ein pathetisches Recitativ vorher

*) Warum dem ohngeachtet einige Chorregenten, sogar wenn sie selbst singen, immerfort den Tact dazu schlagen, muß wohl aus der zur Natur gewordenen Gewohnheit herrühren.

der verschiedenen Gattungen von Singstücken. 101

vorher geht, leiden allein eine Ausnahme. Ich will über den Gebrauch der Mordenten, Pralltriller, Vorschläge und Doppelvorschläge im Recitative noch einige Anmerkungen machen, und sie mit Beyspielen erläutern.

Die zweysylbigen Einschnitte oder Cadenzen pflegen die Componisten auf zweyerley Art zu schreiben:

Der Gebrauch hat es eingeführt, daß immer wie bey b) gesungen wird. Sogar bey einsylbigen Abschnitten, wird die Oberquarte als Vorschlag über der letzten Sylbe gehört.

Wenn diese Fälle oft vorkommen, muß der Sänger auf Abänderung bedacht seyn, um nicht durch ein ekelhaftes Einerley zu ermüden. Der

102   VI. Cap. Vom guten Vortrage, in Ansehung

Vorschlag der Secunde ist dazu sehr dienſam. Beyde vorstehende
Exempel können daher auch ſo geſungen werden:

auf daß wir Frieden hät-ten.   durchbohret dir Fuß und Hand.

§. 14.

Ueber den Gebrauch der Vorſchläge und Doppelvorſchläge iſt im
erſten Theile, am angezeigten Orte, ſchon das Nöthige geſagt worden,
das wir hier nicht wiederholen wollen. Einen Umſtand füge ich noch
bey. Man bedient ſich zum Accentuiren im Recitative nicht allein der
Vorſchläge, ſondern man erhöht auch öfters eine Note um einen ganzen Ton. Folgendes Beyſpiel mag darüber die Erläuterung geben.

Ein feyer-li-cher Lob-ge-ſang erklingt durch al-le Sphären.

Mancini giebt davon ein Beyſpiel, wenn mehrere Noten auf
einem Tone nach einander vorkommen. In dieſem Falle aber dürfte
ein

der verschiedenen Gattungen von Singstücken.

ein lang gehaltener Vorschlag wohl besser seyn, als die erhöhete Note. Man sehe und urtheile selbst.

§. 15.

Der Pralltriller findet im Recitative nur bisweilen auf einer Note statt, die einen Vorschlag über sich hat. Am besten schickt er sich, wenn mit der Note sich ein Wort endigt, weil er da seiner Natur gemäß, d. i. abprallend vorgetragen werden kann.

Dem Mordenten wüßte ich keine schicklichere Stelle anzuweisen, als bey zweysylbigen Cadenzen, wenn sie vermittelst eines Quartensprunges gemacht werden, auf der ersten Note desselben.

In diesem Beyspiele sieht man zugleich, daß auch vom messa di voce im Recitative bisweilen Gebrauch gemacht werden könne, und müsse.

104　VI. Cap. Vom guten Vortrage, in Ansehung

müsse. Es verträgt sogar, bey affectreichen Stellen, zuweilen eine mit willkührlichen Auszierungen versehene Aufhaltung; nur müssen diese Auszierungen nicht weitläuftig und ausschweifend seyn, sondern nur in wenigen, von der Empfindung selbst vorgeschriebenen Noten bestehen. Hasse hat in den Recitativen seiner Oratorien bisweilen Gelegenheit dazu gegeben, und diese immer mit dem gewöhnlichen Zeichen der Fermate ⌢ angezeigt; z. E.

§. 16.

Unter den verschiedenen Singstücken sind nun noch die zwey-, drey- und mehrstimmigen zu betrachten übrig. Die zweystimmigen, oder Duette, binden den Sänger schon mehr an die Vorschrift, als die Arien. Eine Stimme singt entweder der andern nach, oder begleitet sie, in einer zweystimmigen Harmonie, Schritt vor Schritt in gleichen Wendungen und Figuren. In beyden Fällen ist es nicht gut in einer Stimme etwas zu hören, was in der andern nicht auch da ist. Haben ein Paar Sänger Zeit und Gelegenheit, sich über den Vortrag ihres Duetts, und die dabey anzubringenden Verzierungen und Veränderungen mit einander zu besprechen, so können sie sich eben die Freyheit damit nehmen, die sie bey der Arie haben. Wenn aber dazu

die

der verschiedenen Gattungen von Singstücken.

die Gelegenheit nicht gewesen ist, so sey man im Anbringen der Manieren und Veränderungen zurückhaltend, oder man wähle nur solche, die der andere leicht fassen und nachmachen kann. Es ist eine lächerliche Eitelkeit, wenn man in diesem Falle nur auf sich sieht, und mit allerhand bunten Auszierungen bemerkt zu werden sucht, ohne sich um seinen Collegen zu bekümmern. Wollen sie sich aber aus dem Stegreife mit einander eine Lust machen, dergleichen wohl manchmal auf Theatern geschieht, so kann man damit sehr leicht ins Lächerliche gerathen, welches wohl auch, bey vorfallenden Gelegenheiten, die Absicht seyn mag. Tosi erzählt so etwas hieher gehöriges: „Ich erinnere „mich, sagt er, oder hat michs geträumt, ein berühmtes Duett ge„hört zu haben, das von zween großen Sängern, welche die Eifer„sucht angefeuert hatte, einander immer etwas Neues vor- und wieder „nachzumachen, und einander wechselsweise zu antworten, in so kleine „Stückchen zerhackt wurde, daß sich dieser Wettstreit endlich mit nichts „anders, als damit endigte, wer die meisten Narrenpossen vorbringen „könnte.„ Ueber die bey einem Duett vorkommenden Cadenzen und Fermaten soll im siebenden Capitel noch etwas gesagt werden.

§. 17.

Je mehr Stimmen bey einem Stück zusammen treten, desto mehr ist auch der Sänger an das gebunden, was ihm vorgeschrieben ist; besonders, wenn die Stimmen alle zugleich singen. Ein Terzett und Quartett erlaubt daher schon weniger, als ein Duett. Indeß braucht, in Ansehung des einfachen Gesanges, nicht alles so kahl und unbelebt vorgetragen zu werden, als es geschrieben steht. Nur muß man nicht mit Auszierungen verschwenderisch seyn, oder gar Veränderungen anbringen wollen, wo keine hin gehören. Eine nothwendige Pflicht ist es auch, auf die Stärke oder Schwäche der andern Stimmen Rücksicht zu nehmen, damit keine von ihnen überschrieen werde. Eine starke Stimme zu haben ist nicht der größte Vorzug eines Sängers; und sie zur Unzeit, zum Nachtheile der Mitsingenden anwenden, verdienet

106   VI. Cap. Dem guten Vortrage, in Ansehung

Tadel. Diesen Fehler begehen die Chorsänger am häufigsten. Derjenige, der seine Stimme so stark singt, daß er von den drey übrigen wenig oder gar nichts hört, hat schlecht gesungen, und dem guten Vortrage im Ganzen viel geschadet; und das um soviel mehr je eingeschränkter der Ort ist, wo gesungen wird.

§. 18.

Ueber das Singen der Chöre lassen sich noch einige Anmerkungen machen. Wenn eine strenge Beobachtung des Zeitmaaßes irgendwo nöthig ist, so ist es gewiß bey den Chören. Sobald das Zeitmaaß in einer Stimme durch Eilen oder Aufhalten schwankend gemacht wird, ist das ganze Chor in Gefahr, in Unordnung zu gerathen. Der Chorgesang muß einen festen und bestimmten Gang haben. Alle willkührliche Auszierungen und Veränderungen sind Fehler. Hin und wieder ein kurzer Vorschlag, ein kleiner Pralltriller oder Mordent ist alles, was sich ein Sänger dabey erlauben kann. Der große Triller mit dem Nachschlage, findet nur bey Cadenzen in zwo Stimmen statt, nehmlich in der Sopran- und Tenorartigen *) Cadenz. Bisweilen entlehnt der Alt eine von diesen Arten zu cadenziren, und erhält alsdann das Recht den Triller anzubringen; dem Baße aber ist es, in der ihm eigenen Cadenz, welche immer in einer fallenden Quinte oder steigenden Quarte besteht, gänzlich untersagt. Vom Fehler des Uebertäubens der andern Stimmen ist schon im vorigen Paragraph geredet worden. Ueberhaupt muß man auch in Chören nicht den äußersten Grad der Stärke anwenden, damit man gelegentlich gewissen Worten und Tönen, durch Verstärken der Stimme, eine Emphasin geben könne. In Fugen pflegen die Eintritte des Hauptsatzes immer etwas stärker gesungen zu werden, damit sie gegen die Nebensätze abstechen. Das auch in Chören oft vorkommende piano und forte muß gehörig bemerkt werden; und was das Verstärken des Tons, oder ein welz

*) Man sehe den §. 9. der zehnten Lection im ersten Theile nach.

di voce, in einem ganzen Chore für herrliche Wirkung thue, kann man bey einer guten Aufführung des vortrefflichen Doppelchors unsers berühmten Bachs, sogleich bey dem ersten Eintritte des Heilig im Chore der Engel, erfahren. Daß eine reine Intonation auch vom Chorsänger gefodert werde, wird wohl niemand in Zweifel ziehen, da alle Musik nichts taugt, die nicht wenigstens rein ist. Diese Reinigkeit und Sicherheit der Intonation ist in den beyden Mittelstimmen, dem Alte und Tenore schwerer, als in den beyden äußern Stimmen; desto größer aber ist das Verdienst der Sänger, wenn sie es daran nicht fehlen lassen.

Es giebt auch Chöre von fünf, sechs, sieben und mehr Stimmen: da sie aber nichts Eigenes erfodern, sondern man nur, wie in allen vielstimmigen Stücken, auf Genauigkeit in der Ausführung seiner Stimme zu sehen hat, um zum Ganzen das Seinige rechtschaffen beyzutragen, so wollen wir uns auch nicht weiter dabey aufhalten.

D 2   Siebendes

Siebendes Capitel.
Von den Cadenzen.

§. 1.

Bis hieher ist der Sänger blos als Ausführer des ihm vorgelegten Stücks betrachtet worden, und in sofern man weiter nichts von ihm fodert, als daß er das, was ihm der Componist vorschreibt, genau, mit Sicherheit der Intonation und mit Festigkeit im Zeitmaaße, dem Zuhörer vorträgt. Nichts weiter ist ihm dabey zugelassen, als kleine Manieren, die zur bessern Verbindung der Melodie dienen, oder ihr mehr Lebhaftigkeit, mehr Schimmer ertheilen. Nun wollen wir ihn noch mit den Gelegenheiten bekannt machen, wo es darauf angesehen ist, seiner eigenen Erfindung, und seinem eigenen Geschmacke etwas Raum zu geben. Die sogenannten Fermaten sind es, wo die begleitenden Instrumente einen kleinen Stillstand machen, um dem Sänger Zeit zu lassen, etwas von seinem Eigenen vorzubringen; davon soll in diesem Capitel umständlich gehandelt werden. Die willkührlichen Veränderungen, die sich bey fortlaufender Begleitung über die ganze Arie erstrecken, sind die zweyte Gelegenheit, die den Sänger in den Stand setzt, Erfindung und Beurtheilungskraft zu zeigen, und davon soll das folgende letzte Capitel handeln.

§. 2.

Unter den Fermaten sind auch die Cadenzen begriffen. In der zehnten Lection des ersten Theils dieser Anweisung ist schon von den Cadenzen, in der eigentlichen Bedeutung, geredet worden. Jede von den vier Singstimmen hat ihre eigene Weise Schlüsse zu formiren, und auf der vorletzten Note ein Trillo anzubringen. Hier wird das Wort Cadenz in einer etwas andern Bedeutung genommen, und die willkührliche Verzierung, die der Sänger, bey aufgehaltener Begleitung, nach eigenem Gutdünken anbringt, darunter verstanden. Schon vor

Alters

VII. Cap. Von den Cadenzen.

Alters pflegte man, ohne Aufhaltung der Begleitung, willkührliche Verzierungen dabey anzubringen, wie man aus Beyspielen in des ehemaligen Kapellmeisters zu Frankfurt am Mayn, **Joh. Andreas Herbsts** Musica moderna prattica*) sehen kann. Aus Gefälligkeit gegen den Sänger, und weil doch wohl die Zuhörer Vergnügen an seinen Einfällen haben mußten, hat man es nach der Zeit so eingerichtet, daß man die Instrumente inne hielten, und dem Sänger Zeit läßt, seine Einfälle auszukramen.

§. 3.

Diese Nachsicht gegen den Sänger hat mancherley nachtheilige Folgen gehabt. Sänger, denen es weder an Gegenwart des Geistes, noch an Einfällen und fertiger Kehle fehlte, mißbrauchten die Gelegenheit, da sie entweder in der Vermischung von allerley Figuren durcheinander, oder in der Zeit, die man zur Dauer eines solchen willkührlichen Zusatzes erlaubte, nicht Maaß hielten. Tosi, der überhaupt kein Freund von Cadenzen ist, spottet darüber: „Die Bemü„hung der heutigen Sänger, sagt er, geht dahin, am Schlusse des „ersten Theils ein Lauffeuer von willkührlichen Passagien loszubren„nen; und das Orchestre muß es abwarten. Beym Schlusse des „zweyten Theils verdoppelt man die Labung der Gurgel; und dem „Orchestre wird die Zeit darüber lang. Wenn endlich die Aufhaltung „beym dritten Schlusse kömmt, so wird die ganze, mit vieler Mühe

O 3   „zu=

*) Das Werkchen ist in deutscher Sprache zu Frankfurt im Jahre 1653 auf 12 Bo„gen in Quart gedruckt. Der deutsche Titel lautet so: „Eine kurtze Anleitung, „wie Knaben und andere, so sonderbare Lust und Liebe zum Singen tragen, auf „jetzige Italienische Manier, mit geringer Mühe recht gründlich können unter„richtet werden. Alles aus den fürnehmsten Italienischen Authoribus, mit beson„derm Fleiß zusammen getragen, auch mit vielen Clausulis und Variationibus „gezieret: Sonderlich aber für die Instrumentisten, auff Violinen und Cornetten „zu gebrauchen, mit allerhand Cadenzen vermehrt, und zum drittenmahl in „Druck verfertiget.„ Man kann sich aus diesem Werklein einen ziemlichen Begriff von der Singart des vorigen Jahrhunderts machen.

VII. Cap. Von den Cadenzen.

„gestopfte Mine der Passagien gesprengt; und das Orchester möchte „für Ungeduld darüber zu fluchen anfangen." Kam nun vollends der Umstand dazu, daß diese kleinen Schwärmereyen der Sänger von einem unwissenden Auditorio bewundert und beklatscht wurden, wie denn das insgemein zu geschehen pflegt, so war es leicht zu vermuthen, daß sich Sänger in den Kopf setzen konnten, es sey an der Erfindung einer langen und bunten Cadenz mehr gelegen, als am guten Vortrage der Arie. Man muß ihnen diesen Irrthum einigermaßen zu gute halten, da es sich nicht selten zuträgt, daß die beste, meisterhaft vorgetragene Arie nicht applaudirt wird, da hingegen die Cadenz des mittelmäßigsten Sängers den lautesten Beyfall nach sich zieht. Dieser ermangelt daher auch nicht, wenigstens am Ende der Arie, und sollte er auch die Gelegenheit dazu mit den Haaren herbey ziehen, eine Aufforderung an das Auditorium gelangen zu lassen. Mattheson im vollkommenen Kapellmeister nennt diese Cadenz ein Abschiedscompliment, das der Sänger seinen Zuhörern macht; es ist also wohl billig, daß sich diese bey ihm bedanken, und Glück auf die Reise wünschen.

Wenn nun auch diese Gattung von Sängern einigermaßen bemerkt zu werden verdient, so giebt es dagegen andere, die es ihnen gern nachthun wollen, aber nicht können. Ihr Kopf ist entweder so trocken, daß sie gar nichts einem eigenen und neuen Gedanken ähnliches heraus zu bringen wissen, sondern den Zuhörer mit alltäglichen Kleinigkeiten und mit einem ewigen Einerley ermüden; oder ihre Kehle ist so steif, ihre Intonation so unsicher, daß der Zuhörer alle die Quaal mit empfindet, die sie sich bey ihren Cadenzen anthun. Wenn man diese Umstände zusammen nimmt, so scheint es freylich nicht so ausgemacht, ob der Gebrauch dieser willkührlichen Cadenzen mehr zu loben als zu tadeln, mehr zu erlauben als zu verbieten sey. Soviel Beyfall sie auch beym großen Haufen der Zuhörer finden, so hat es doch, zu allen Zeiten, Männer von Geschmack und Einsicht gegeben, die sich gegen sie erklärten. Da indeß die Musik durchaus Mannichfaltigkeit

fodert;

VII. Cap. Von den Cadenzen.

fodert; da alles, was den Zuhörer angenehm überrascht, zur Wirkung des Ganzen beyträgt; da auch dem Sänger keine Gelegenheit, seine Geschicklichkeit zu zeigen, entzogen werden muß, so möchte sich der Gebrauch der Cadenzen wohl noch rechtfertigen lassen, und sie folglich einer nähern Betrachtung werth seyn.

§. 4.

Auf ein bloßes Ohngefähr muß man es dabey nicht ankommen lassen, wenn man auch noch so reich an allerhand Einfällen wäre. Folgende Regeln sind dabey wohl in Acht zu nehmen. 1) Die Cadenzen müssen nicht zu häufig vorkommen, auch nicht zu lang seyn. Eigentlich sollte darinne gar nicht Athem genommen werden; sie dürfte also, von Rechtswegen, nicht länger dauern, als es der Athem des Sängers gestattete. Da aber die sehr verschiedene Stärke und Schwäche der Brust, auch andere zufällige Umstände bald mehr, bald weniger, bisweilen auch allzuwenig erlauben würden, und doch ein Gedanke, der für sich ein Ganzes ausmachen, und einige Bedeutung haben soll, einige Ausdehnung fodert, so ist dieß Gesetz so unverbrüchlich nicht zu halten; nur muß das Athemholen mit solcher Geschwindigkeit, und auf Noten geschehen, daß der Zusammenhang nicht zerrissen wird. Die Cadenzen müssen sich 2) allemal auf den in der Arie liegenden Character und Hauptaffect beziehen. Eine aus lauter gezogenen Noten bestehende Cadenz wäre in einer feurigen Arie, so wie in einer langsamen eine aus wilden Läufen zusammengesetzte am unrechten Orte. Um eine Cadenz der Arie recht anzupassen, bedient man sich auch wohl einzelner schöner Stellen aus der Arie selbst, und sucht sie geschickt in dieselbe einzuflechten. 3) Einerley Figuren dürfen nicht zu oft wiederholt werden; sondern man muß verschiedene Figuren zu verbinden, und mit einander abzuwechseln suchen: so daß sie mehr einer geschickten Zusammenfügung einzelner abgebrochener Sätze, als einer förmlichen gelassen Melodie ähnlich sieht. Aus diesem Grunde darf man sich auch nicht an die Tactart binden, ob man gleich die Bewegung der Arie einigermaßen

VII. Cap. Von den Cadenzen.

maßen zum Maaßstabe nehmen, und im Adagio keine Cadenz als ein Allegro, und umgekehrt im Allegro keine als ein Adagio singen muß. 4) Je mehr Unerwartetes in eine Cadenz gebracht werden kann, desto schöner ist sie. Alle Arten von Figuren, Läufe, Sprünge, Triolen u. s. w. finden darinne statt. Wie sie anzubringen sind, und worauf sie sich eigentlich gründen, wollen wir bald näher untersuchen.

§. 5.

Der Eintritt der Cadenz ist immer auf der ersten von den drey melodischen Noten, womit in Oberstimmen die Schlüsse gemacht zu werden pflegen. Die harmonische Begleitung ist so eingerichtet, daß der Baß, für die erste und zweyte Note, in der Quinte der Tonart stehen bleibt, und hernach mit der Schlußnote in den Hauptton zusammen tritt. Die zur ersten Note gehörige Harmonie ist keine andere, als der harmonische Dreyklang des Haupttons, hart oder weich, wie es die Beschaffenheit der Arie mit sich bringt. Im obbeschriebenen Falle, da der Baß in die Quinte der Tonart tritt, bringt dieser Dreyklang einen Sextquartenaccord hervor, auf den immer der Terzquintenaccord zu folgen pflegt, wie denn über diesem Accorde allemal das Trillo am Ende der Cadenz, unmittelbar vor der Schlußnote, angebracht wird. Alles nun, was der Sänger aus freyem Geiste in einer Cadenz vortragen will, muß in die Tonleiter oder in die Harmonie des Haupttons gehören. Dieß wäre die eine Art der Cadenzen. Eine andere Art entsteht, wenn man anstatt der Harmonie des Haupttons, die Harmonie der Quinte wählt, und nur den Hauptton nebenher berührt. Die dritte Art endlich ist, wenn man kurze Wendungen und Ausweichungen in entfernte Tonarten zu Hülfe nimmt. Doch muß man sich für allzufremden Tönen hüten und immer darauf sehen, daß sie als Dissonanzen gegen den Baß eine richtige Auflösung bekommen.

§. 6.

Wenn man nun von dem unterrichtet ist, was von Seiten der Harmonie zu einer Cadenz erfodert wird, so muß man, in sofern
sie

VII. Cap. Von den Cadenzen.

sie aus Läufen bestehen soll, sich mit den mancherley Figuren bekannt gemacht haben, aus denen die Passagien zusammen gesetzt werden. Alle Arten von Manieren, von Vorschlägen und Trillern können dabey ebenfalls Dienste leisten. Der Accord und die Tonleiter sind, in der That die sicherste Grundlage, auf welche gute Cadenzen gebaut werden können. Wenn man sie durch allerhand Figuren zu verändern, und mit verschiedenen wohlgewählten und gut vorgetragenem Manieren zu beleben und zu verschönern weiß, so hat man gnugsame Mittel zur Hand, Cadenzen zu erfinden. In Worten läßt sich von diesen Dingen nicht bestimmt und deutlich genug reden: Beyspiele mögen also das weitere darüber sagen.

Veränderungen der Tonleiter.

1) Aufsteigend.

114   VII. Cap. Von den Cadenzen.

a) Aufsteigend.

VII. Cap. Von den Cadenzen.

Es sind dieß noch lange die Veränderungen nicht alle, die sich mit der Tonleiter vornehmen lassen. Ein Sänger, der Kopf hat, wird deren noch eine Menge zu erfinden im Stande seyn, und wenn damit auch keine ganze Cadenz fertig ist, so ist doch wenigstens ein guter Anfang dazu da. Man stelle sich vor, daß die Cadenz in F seyn solle, so wird mit einem kleinen Zusatze aus der nächstverwandten Harmonie der Quinte so ziemlich eine vollständige Cadenz daraus werden. Der Zusammenhang gewisser Figuren führet auch grades Weges dahin.

Cadenzen, die größtentheils in die Harmonie der Quinte des Haupttons gehören, würden ohngefähr folgender Gestalt aussehen:

Auch mit dem harmonischen Dreyklange lassen sich einige zu Cadenzen brauchbare Veränderungen vornehmen. Z. E.

116 VII. Cap. Von den Cadenzen.

§. 7.

Diese Art der Cadenzverzierung bringen die Sänger auch öfters an, wo die Instrumente sich nicht unterbrechen lassen, sondern immer ihren Schritt fortgehen. Im Adagio kann schon etwas unternommen werden, wenn auch nur ein Viertel Zeit dazu ist; ein halber Tact ist freylich besser. Im Allegro wird wenigstens ein halber Tact erfodert; besser ist ein ganzer Tact. Ich will die Beyspiele nur in einer Art herschreiben, weil man sie leicht, durch Vergrößerung des Tactmaaßes, nach der andern einrichten kann.

Adagio.

VII. Cap. Von den Cadenzen.

§. 8.

Es wird damit nicht gesagt, daß alle Cadenzen immer aus bunten laufenden Figuren zusammen gesetzt werden müssen. Nein! Einige wenige gut getragene Töne; einige geschickt angebrachte und richtig aufgelößte Dissonanzen, können öfters, ohne Zuthun geschwinder Läufe; eine gute affectvolle Cadenz zuwege bringen. Im Adagio wird man mehr Gebrauch von der letztern Gattung, und weniger von der erstern machen können. Doch muß man nicht durchaus bey einerley bleiben, und etwan eine Cadenz immer in langsamen Noten schleppen, oder in geschwinden Läufen herausschleudern. Da es auf Ueberraschung der Zuhörer dabey angesehen ist, so wird man durch eine geschickte Vermischung des Geschwinden und Langsamen, des Feurigen und Zärtlichen, des Starken und Schwachen seine Absicht am besten erreichen. Eingemischte Dissonanzen, oder zufällig erhöhte oder erniedrigte Töne tragen das Ihrige gleichfalls zu dieser Absicht bey.

VII. Cap. Von den Cadenzen.

Die Einmischung der Dissonanzen ist das Mittel zur Ausweichung in fremde Tonarten. Nur muß man sich nicht zu weit wagen, und auch nicht zu lange darinne aufhalten, weil man leicht in Gefahr gerathen kann, den Hauptton zu verliehren, und sich nicht wieder nach Hause zu finden.

§. 9.

Unerwartete Eintritte in fremde oder weit entlegene Intervalle tragen auch zur Ueberraschung bey. Einige Sänger treiben es damit bis zur Verwegenheit. Der Eintritt aus der Cadenznote in die übermäßige Quarte a) ist einer der brauchbarsten, weil diese Quarte das Subsemitonium der Quinte des Haupttons, und folglich am wenigsten fremd ist, ob es gleich sehr diese Mine annimmt. Mit der übermäßigen Quinte, als dem Subsemitonio der Sexte b), läßt sich auch noch etwas anfangen. Andere dissonirende Eintritte stiften mehr Unheil an, als sie nutzen. Es ist daher am besten, wenn man sich nicht viel mit ihnen einläßt. Die Auflösung der übermäßigen Quarte kann auch eine Weile zurück gehalten c) werden.

Weiter

VII. Cap. Von den Cadenzen.

Weiter außer der Gränze der Octave entlegene Sprünge finden nicht gleich beym Eintritte, sondern mehr in der Mitte statt. Die Terzdecime und Duodecime waren vor einiger Zeit abwärts springend sehr beliebt, und man kann auch jetzt noch bisweilen Gebrauch davon machen, wenn man nur gewiß ist, daß man sie rein und sicher erreiche.

Alle diese ungewöhnlichen Eintritte und weiten Sprünge müssen mit etwas lang gehaltenen Noten unternommen werden, um die Aufmerksamkeit des Zuhörers darauf rege zu machen, und sie ihm faßlicher darzustellen. Sie fodern daher Festigkeit und Kraft im Vortrage.

Der Sänger, der von solchen Sprüngen Liebhaber ist, kann auch aufwärts mit diesen und andern einen Versuch machen. Es ist zu weitläufig, alles in Beyspielen vorzustellen. Man suche selbst, und gnüge sich mit einem Exempel des Decimen- und Undecimensprunges.

§. 10.

VII. Cap. Von den Cadenzen.

§. 10.

Die Cadenzen fodern in der Sprache einen hellen Vocal oder Doppelvocal, den der Sänger rein und deutlich im Munde behalten muß. J und U taugen zu Cadenzen nichts; und wenn dem ohngeachtet eine gefodert wird, so muß sich der Sänger in der Nähe nach einer Sylbe umsehen, die dazu bequem und brauchbar ist. Nur hüte er sich, daß wenn es die letzte Sylbe ohne eine ist, diese nicht am Ende noch einmal, und statt Ga — ben, Ga — gaben, anstatt Le — ben, Le — leben heraus komme; oder daß, wenn er die erfoderliche Sylbe weiter vorwärts sand, die darauf folgenden nicht ausgelassen werden. Lächerlich wäre es, wenn bey lasciarvi dubitar, nach der Cadenz auf la, der Sänger nur etwan tar oder bitar nachbringen wollte. In diesem Falle muß die Cadenz so eingerichtet seyn, daß ein Theil der Sylben in dieselbe gezogen wird, damit das Trillo auf die dritte Sylbe vom Ende falle, und der Nachschlag nebst der Schlußnote die beyden noch übrigen Sylben nachbringen. Ohngefähr auf folgende Art:

§. 11.

Mitten im Stücke kommen bisweilen Aufhaltungen vor, die nicht eigentliche Cadenzen, sondern nur Einschnitte sind; man nennet sie

VII. Cap. Von den Cadenzen.

sie Fermaten, und sie werden mit dem gewöhnlichen Zeichen der Haltungen ⌢ angedeutet.] (Man findet sie sowohl über Consonanzen a) als Dissonanzen b). Im letzten Falle muß die letzte Note die Auflösung enthalten. [Der Sänger bringt bey ihnen eben so, wie bey den Cadenzen) eine kleine willkührliche Verzierung an. Findet er dieß aber nicht für gut, so kann ein bloßer Triller ohne Nachschlag, (wenn z. E. das Zeichen der Fermate über der letzten Note steht,) oder ein schwellend ausgehaltner Ton, die Stelle der Ausziehrung vertreten. [Diese letzte Art der Verzierung ist die beste, wenn nach der mit ⌢ bezeichneten Note noch eine zweyte, um eine Octave herabspringende darauf folgt. Es kann in diesem Falle der schwellenden Note noch ein langsamer verdoppelter Mordent angehängt werden.] Mit den andern willkührlichen Verzierungen verfährt man ohngefähr folgender Gestalt:

122　　　VII. Cap. Von den Cadenzen.

[Bey andern Fermaten hat der Sänger nicht sowohl auf eine künstliche Verzierung, als vielmehr auf einen geschickten a) Uebergang

zu

VII. Cap. Von den Cadenzen.   123

in dem darauf folgenden Gesange zu sehen) andere erfodern dagegen wieder b) beydes zugleich.

In den jetzt sehr Mode gewordenen Rondo's stoßen die Gelegenheiten zu diesen Uebergängen häufig auf, und geben dem Sänger Gelegenheit Erfindung und Geschmack zu zeigen. Bisweilen fangen sogar Arien mit einer Fermate an, wie das berühmte Parto aus der Oper Ciro riconosciuto von Hasse, das Salinbeni so meisterhaft sang, davon ein Exempel giebt. Wie damit zu verfahren sey, weiß der Sänger schon aus den bisherigen Beyspielen.

§. 12.

Auch die gewöhnlichen Einschnitte, die nicht Fermaten sind, fodern bisweilen, besonders in langsamen Sätzen, eine kleine Verzierung, wenn sie nicht steif und schleppend herauskommen sollen. Ein der vorletzten Note beygefügter Vorschlag thut schon etwas, ist aber doch nicht

Q 2   immer

124 VII. Cap. Von den Cadenzen.

immer hinreichend, das Matte und Träge bey dieser Gelegenheit zu verbessern. Der Sänger muß daher gewisse kleine, zum Theil aus Doppelvorschlägen und Nachschlägen zusammengesetzte Figuren zu Hülfe nehmen, um seinen Zweck besser zu erreichen.

§. 13.

Ueber die Doppel-Cadenzen muß nun wohl auch ein Wort gesagt werden, weil in Duetten, und concertirenden Arien bisweilen Gelegenheit dazu da ist. Wenn hin und wieder schon mit dreyfachen Cadenzen Versuche gemacht worden sind, so verdienen sie doch keine eigene Betrachtung, sondern sind an die Gesetze der Doppelcadenzen gebunden. Diese nun bestehen darinne, daß 1) eine Stimme sich genau nach der andern richten, und nichts unternehmen muß, was die andere nicht gehörig unterstützt, und nachahmt; daß 2) beyde Stimmen

VII. Cap. Von den Cadenzen.

men nicht immer in Terzen und Sexten mit einander gehen, sondern Bindungen und Auflösungen gegen einander haben; auch kurze Nachahmungen enthalten müssen, welche sowohl in einerley als verschiedenen Intervallen Statt finden; daß 3) zwar keine gewisse Tactart dazu nöthig ist, doch aber so eine Beobachtung des Zeitmaaßes, daß beyde Stimmen, besonders in nachahmenden Stellen, richtig überein treffen; daß 4) die zum Nachahmen vorgetragenen Gänge so beschaffen seyn müssen, daß sie der andere auch, sowohl mit seiner Stimme, als mit seinem Instrumente, sowohl in Ansehung seiner Fertigkeit, als in Ansehung der Höhe und Tiefe, bequem nachahmen könne. Es ist daher nöthig, daß ein Sänger sich nach dem andern richte; daß auch ein Instrumentist nichts vortrage, was der Singstimme, wenn sie es nachahmen soll, nicht möglich ist. Unter diesen Umständen erhält eine Doppelcadenz bisweilen eine solche Länge, daß sie nicht leicht in einem Athem kann gesungen werden. Das Athemholen ist daher in dieser Art von Cadenzen sehr erlaubt, und kann von dem einen, indem der andere fortsingt, so bequem geschehen, daß es nicht leicht jemand gewahr wird. Daß solche Cadenzen aufgeschrieben werden müssen, ist leicht zu begreifen; und wenn bisweilen Sänger so etwas aus dem Stegreife unternähmen, so können sie wohl keine andere Absicht haben, als den Zuhörern Sand in die Augen zu streuen, oder sich einander lächerlich zu machen. Folgende beyde Cadenzen sind nicht ganz nach den vorgeschriebenen Regeln, es ist aber auch nicht nothwendig, daß alle Regeln dabey zum Augenmerk müßten genommen werden. Terzen und Sexten, Bindungen und Auflösungen, Nachahmungen in mancherley Gestalt und in verschiedenen Figuren, scheinen für eine und dieselbe Cadenz zu viel, wenn sie nicht übermäßig lang seyn soll. Man wähle also, was man zur Absicht für dienlich hält; und spare das andere auf eine andere Gelegenheit. Noch eine nützliche Anmerkung wird man bey folgenden beyden Cadenzen zu machen Gelegenheit haben. Ein und derselbe Gedanke kann vermittelst der Umkehrung zweymal über einander stehen.

126　VII. Cap. Von den Cadenzen.

VII. Cap. Von den Cadenzen. 127

§. 14.

Was bisher über die Cadenzen und Fermaten gesagt ist, kann wenigstens zu weiterm Nachdenken Anlaß geben, wenn es nicht alles das enthält, was über diese Materie gesagt werden kann. Es läßt sich von nichts so schwer mit Bestimmtheit und Vollständigkeit reden, als von dem, was der Geschmack des Ausführers in der Musik zur Verschönerung hinzu thut. Die Sprache ist nicht reich genug, um alles mit Worten auszudrücken, was in der Empfindung öfters sehr lebhaft da ist. Die musikalischen Zeichen vermögen noch weniger, alle die Feinheiten der Manieren, den sanften Abfall vom Starken zum Schwachen, und umgekehrt, den fröhlichen, scherzenden, zärtlichen, klagenden Ton der Leidenschaft, dem Auge vorzustellen. Es ist darüber keine andere Belehrung möglich, als das Anhören guter Sänger, auch
bis-

bisweilen guter Instrumentisten. Man setze indeß den Werth der Cadenzen auch nicht zu hoch an, weil ihn einige zu weit herabsetzen. Eine schlecht vorgetragene Arie, kann durch die Cadenz nicht gehoben werden: man vernachläßige also nicht das Hauptwerk, indem man Fleiß und Sorgfalt auf Nebendinge wendet. Kann man aber keine ausgesuchten und weitläuftigen Cadenzen machen, so ersetze man den Abgang durch einen sorgfältigern Vortrag der Arie, und lasse ein Paar aus der zum Grunde liegenden Harmonie genommene Töne, nebst einem daran gehängten Trillo die Stelle der Cadenz vertreten. Ueberhaupt ist es selten ein Fehler, daß eine Cadenz kurz ist, wohl aber sehr oft, daß sie zu lang ist. Die Doppelcadenzen allein dürfen etwas länger gemacht werden; es darf auch einerley Gedanke zweymal darinne vorkommen, wie man gesehen hat; in der einfachen Cadenz aber würde es ekelhaft, und ein Fehler seyn. In wiefern ein doppelter Triller dabey Statt habe, ist im vierten Capitel dieses Buchs schon gesagt worden, daß es also überflüßig gewesen wäre es hier zu wiederholen.

Achtes Capitel.
Von der willkührlichen Veränderung der Arie.

§. 1.

Wenn auch gleich die willkührlichen Veränderungen, die ein Sänger mit einer Arie vornimmt, eben nicht, so wie Tosi meynt, das Schönste, was er hervorbringen, und das Angenehmste, was ein Kenner hören kann, seyn sollten, so verdienen sie doch alle Achtung auf beyden Theilen, und erfodern um soviel mehr den geduldigsten Fleiß von Seiten des Sängers, weil sie mehr, als alles übrige, von seinen erlangten Kenntnissen und Fähigkeiten einen Beweis ablegen. Ich fürchte also nicht, daß jemand dieses Capitel, wenn es nur einigermaßen gerathen ist, für überflüßig halten wird.

§. 2.

Veränderungen können auf dreyerley Art gemacht werden: einmal, wenn zu wenigen Noten mehrere hinzugesetzt werden; zweytens, wenn man mehrere in wenigere verwandelt; endlich, wenn eine gewisse Anzahl Noten mit eben soviel andern vertauscht wird. Zu dieser letzten Art kann auch gerechnet werden, wenn mit eben denselben Noten eine bloße Verrückung des Zeitmaaßes (tempo rubato) vorgenommen wird.

§. 3.

Die Mittel zum Verändern sind außer den wesentlichen Manieren der Vorschläge und Triller, noch alle die Figuren, aus denen die Passagien zusammen gesetzt werden. Abstoßen, Schleifen, Ziehen, und alles, was zum Tragen der Stimme gehört, kann gleichfalls ein Mittel zur Veränderung abgeben, wenn es mit Ueberlegung und Geschmack angebracht wird. Es wird öfters damit mehr ausgerichtet, als wenn man jede Note noch mit zwey oder drey andern verbrämt, und dadurch alles so bunt macht, daß darüber Sinn und Ausdruck verlohren gehen.

§. 4.

Was wird aber eigentlich verändert? Bedient man sich dieser Freyheit durch die ganze Arie, oder ist sie nur auf gewisse Stellen eingeschränkt? Es hat Sänger gegeben, die es in der Veränderungssucht so weit trieben, daß sie sich, und dem Gesange die Marter anthaten, vom Anfange bis zum Ende, keine Note zu lassen, der sie nicht etwas anhiengen, oder sie aus ihrer Stelle schleuderten; Declamation und Ausdruck mochten dazu sagen, was sie wollten. Diese machten es auf alle Weise zu arg, und konnten bey den Zuhörern nicht viel Dank verdienen. Eigentlich erstreckt sich die Freyheit des Veränderns nur auf gewisse Stellen, die sich am bequemsten dazu schicken; auf solche Stellen, die mehr Lebhaftigkeit und Schimmer vertragen, oder auf solche, die, wenn sie zum zweytenmale in eben der Gestalt wiederkämen, nichts Reizendes mehr haben würden; zu diesen gehören die Passagien, und kurzen melismatischen Dehnungen, die nicht gleich im Anfange, sondern mehr gegen die Mitte der Arie vorkommen. Der Veränderung liebende Sänger muß sie also nicht so sehr bey den Hauptgedanken der Arie, als vielmehr bey Nebengedanken anbringen. Uebrigens findet das Verändern nicht allein im Adagio, sondern auch im Allegro statt.

§. 5.

Daß es nur bey solchen Arien nothwendig, und der Mühe werth sey, sich aufs Verändern einzulassen, die entweder ganz, oder zum Theil wiederholt werden, ist schon mehr als einmal gesagt worden. Es ist billig, daß eine solche Arie zuerst so vorgetragen werde, wie sie der Componist zu Papiere gebracht hat, ohne jedoch dem Sänger die nöthige Verschönerung, durch Hinzuthun kleiner Manieren, zu verwehren. In der That wäre es auch sehr übel gethan, wenn der Sänger sogleich mit Veränderungen über eine Arie herfallen wollte, weil

willführlichen Veränderung der Arie.

er, um nicht einerley zweymal zu sagen, sich auf zweyerley Veränderungen vorbereitet haben müßte, und man am Ende doch nicht wissen könnte, ob beyde von ihm herrührten, oder ob nicht eine davon der Aufsatz des Componisten wäre.

§. 6.

Die strengste Beobachtung des Zeitmaaßes ist, wie beym Vortrage in der Musik überhaupt, so auch bey den willkührlichen Veränderungen ein unverbrüchliches Gesetz, das der Sänger, beym Studiren der Passagien, mit denen er den Gesang verändern will, nie aus der Acht lassen muß. Es ist ihm sehr zu rathen, alle seine Einfälle genau darnach zu prüfen, um nicht etwan hier zu viel, und dort zu wenig zu haben. Es ist unangenehm, wenn der Sänger immer hinter dem Accompagnement drein kommt, und sich von diesem gleichsam fortschleppen läßt; noch unangenehmer ist es, wenn er vor demselben voraus gallopirt; aber wenn er über seinen Einfällen und Verkräuselungen gar aus dem Tacte kommt, so verdient er ausgezischt zu werden. In allen diesen Fällen ist ein richtiger, reinlicher und ausdrückender Vortrag des vom Componisten vorgeschriebenen Gesanges besser, als ausschweifende und weither geholte Veränderungen.

§. 7.

Bey dem allen, und selbst bey der glücklichsten Gabe der Erfindung, muß doch der Sänger, der im Verändern Ehre suchen will, noch eine hinlängliche Kenntniß der Harmonie, Beurtheilung und Geschmack besitzen. Wenn ihm die letztern Eigenschaften fehlen, so wird er Schickliches und Unschickliches, Veraltetes und Neues durch einander werfen. Er wird das Fröliche mit traurigen geschleiften und gezogenen Verzierungen, so wie das Traurige mit frölichen Sprüngen und Läufen widersinnig und abgeschmackt machen. Er wird wenigstens, wenn auch die Erfindung seiner Veränderungen gut und schicklich wäre, sie doch, vermittelst eines schlechten Vortrages, öfters in ein ganz falsches Licht stellen.

§. 8.

VIII. Cap. Von der

§. 8.

Kenntniß der Harmonie wird erfodert, weil der Sänger nichts vortragen darf, was sich nicht mit der Begleitung der Instrumente verträgt. Aus der Singstimme allein kann er nicht überall einsehen, was ihm zu unternehmen erlaubt sey. Er muß wenigstens den Baß nebst einer richtigen Bezifferung vor Augen haben. Und da dennoch, theils in der Bewegung, theils in der melodischen Fortschreitung der begleitenden Instrumente etwas seyn kann, was ihn bey seinen Erfindungen einschränkt, so ist der bezifferte Baß noch immer ein sehr unsicherer Führer. Sehr gut ist es demnach, wenn er sich aufs Lesen der Partitur versteht, und diese fleißig vor Augen hat. Kann nun der Sänger bey seinem Studiren mit einem Clavierinstrumente sich selbst harmonisch unterstützen, so wird er dadurch in den Stand gesetzt werden, die Güte seiner Einfälle mit eigenen Ohren zu prüfen. Die Erlernung des Generalbaßes ist daher einem Sänger sehr anzurathen; er hat auch schon, wenn er nur mit allem bekannt ist, was im ersten Theile dieses Werks über die Intervalle und deren Zusammensetzung gesagt worden, einen guten Anfang dazu. Das Fehlende muß ein Claviermeister ersetzen.

§. 9.

Ich will nun noch einige zerstreute Anmerkungen, nach Anleitung des Tosi, beyfügen, und sodann durch ein practisches Beyspiel das bisher Erklärte zu erläutern suchen. Wer zur Uebung in diesem Fache mehr verlangt, kann die Sechs italiänischen Arien mit Veränderungen, die ich vor zwey Jahren, bey dem Verleger des gegenwärtigen Werks heraus gab, dazu nehmen. Man merke dabey noch Folgendes:

1. Eine willkührliche Veränderung muß dem Ansehen nach leicht seyn, damit sie jedermann gefallen könne; denn ohngeachtet muß sie im Grunde doch schwer seyn, damit die Einsicht des Sängers und seine Geschicklichkeit im Vortrage daraus ersehen werde. Auf diesen letzten Um-

willkührlichen Veränderung der Arie.

Umstand kommt sehr viel an. Ein Sänger, der Schwierigkeiten nur mit vieler Mühe heraus quält, wird selten mit Vergnügen gehöret werden. Glücklich, und der größte Meister ist der, der alles mit solcher Leichtigkeit vorträgt, als ob es ihm gar nichts kostete.

2. Alles, was zur guten Ausführung gehört, muß dabey beobachtet werden; vornehmlich darf der Sänger die Declamation der Worte, und den bestimmten Ausdruck der Leidenschaft nicht vernachläßigen.

3. In langsamen und Pathetischen Arien sind geschleifte und gezogene Veränderungen die schicklichsten, so wie die gestoßenen mehr zum Allegro gehören.

4. Stärke und Schwäche muß darinne verschiedentlich, nach Maaßgabe des Geschmacks und der Leidenschaft abwechseln. Im Adagio dient diese Vermischung zur Verstärkung des Ausdrucks, so wie sie über das Allegro Schatten und Licht verbreitet.

5. Die aus wenigen an einander liegenden Noten bestehende Veränderungen sind denen vorzuziehen, die sich in viele weither geholte und ausschweifende Noten verwickeln. Kleine Ausfüllungen mit den zwischen den Secunden liegenden halben Tönen sind in Pathetischen Arien von vieler Wirkung; nur müssen deren nicht zu viele neben einander angebracht werden, weil sonst der Gesang leicht in Geheule ausartet.

6. Nur da, wo das Zeitmaaß und die Harmonie es erlauben, kann der Sänger verschiedene Figuren zusammen setzen, und daraus eine sogenannte Passagie formiren. Die besten Gelegenheiten dazu sind immer die melismatischen Dehnungen über einer hervorstechenden Sylbe, deren sich in jeder Arie immer ein Paar finden. Diese muß ein Sänger niemals zweymal auf einerley Art singen, wenn er mehr als ein Schüler seyn will.

7. Einerley Manieren müssen auch nicht zu nahe oder zu oft auf einander vorkommen, weil sie leicht ekelhaft werden, und Armuth an Erfindung beym Sänger verrathen können.

8) Mehr

134 . VIII. Cap. Von der willkührl. Veränderung der Arie.

8) Mehr die Empfindung als die Kehle muß diese Veränderungen hervorbringen, wenn sie rühren sollen. Läßt sich aber der Sänger damit begnügen, daß man ihn bewundert, nun so zeige er soviel Fertigkeit der Kehle als er will, oder bis er es und die Zuhörer satt haben.

9) Auf unbequemen Vocalen unternehme er nicht viel, weil er es doch mit aller seiner Kunst dahin nicht bringen wird, daß ein i oder u im Gesange so angenehm laute, als ein a.

10) Bey dem allen hat ein Sänger darauf zu sehen, daß seine Veränderungen den Sinn des Componisten nicht verstellen, sondern verschönern, nicht undeutlicher, sondern deutlicher machen.

Es ließen sich bey diesen Puncten noch allerley Anmerkungen machen; aber der Sänger muß sich gewöhnen, bey Zeiten selbst zu denken, selbst zu suchen. Er macht alsdann neue Entdeckungen, und erfindet Veränderungen, unter welchen er, mit reifer Ueberlegung, die beste wählt. Die verborgensten Schätze der Kunst werden ihm nach und nach so offenbar und bekannt werden, daß, wenn ihn der Hochmuth nicht verblendet, wenn ihm das Studiren nicht zur Last wird, und das Gedächtniß ihm getreu bleibt, er zur Auszierung des Gesanges, auf eine ihm eigene Art gelangt, und sich gleichsam einen eigenen Geschmack bildet.

Aria con Variazione.

Ende.

www.ingramcontent.com/pod-product-compliance
Lightning Source LLC
Chambersburg PA
CBHW032139160426
43197CB00008B/702